내 안에 살아 있는 당신

현대수필가100인선 II · 72

내 안에 살아 있는 당신

고연숙 수필선

수필과비평사 · 좋은수필사

■ 책머리에

수필은 누구나 부담 없이 읽고, 마음만 먹으면 직접 쓸 수도 있는 가장 친근한 문학이다. 다른 영역의 문학이 영상매체에 밀려 신음하고 있는 중에도 수필 인구만은 날로 증가하여 바야흐로 수필 전성시대를 구가하고 있는 이유도 거기에 있을 것이다.

시대적 추세에 힘입어 수많은 수필전문지, 수필동인지가 창간되고, 이에 비례하여 신진 수필가도 날로 늘어나다 보니 이제는 그 많은 작가, 그 많은 작품 중에서 문학성 높은 작품을 가려 읽는 일이 쉽지 않게 되었다. 이런 현상은 작가에게나 독자에게나 결코 바람직한 일이 아니다. 더 나아가서는 수필을 연구하는 후세들에게도 큰 부담이 될 것이다.

이런 문제를 해결하는 데는 출판인도 마땅히 한몫을 감당해야 한다는 평소의 소신에 따라, 본사가 기꺼이 그 역할을 맡기로 했다. 그 첫 번째 사업으로 시대를 대표할 만한 수필가 100인을 선정하고, 작가가 자선한 40편 내외의 작품을 수록한 문고본을 발간하여 이를 널리 보급함으로써 그 소임을 다하고자 한다.

본사는 사명감을 가지고 이 사업을 추진해 나가기로 했다. 작가 선정을 전담할 편집위원회를 구성하고 전권을 위임하여 일체의 사적인 정실이나 청탁을 배제함으로써 전문성과 공정성을 확보해 나갈 것이다.

따라서 이 기획물 속에는 작가의 문학정신뿐만 아니라, 본사의 문학사적 기여 의지와 편집위원 제위의 수필문학에 대한 애정과 문인으로서의 양심이 함께 담겨 있음을 자부한다. 다만, 작가를 선정하는 기준에는 많은 견해의 차이가 있을 수 있고, 선정 과정에서도 미처 챙기지 못한 부분이 있을 것이라는 사실만은 인정하지 않을 수 없다. 이 점에 대해서는 관계자 여러분의 양해 있으시기 바란다.

이 시리즈의 발간 순서는 작가, 또는 본사의 사정에 의한 것일 뿐 그 밖의 어떤 기준도 적용하지 않았음을 밝힌다.

본 기획물이 시대를 초월한 많은 수필 애호가들의 관심과 애정 속에 우리나라 수필문학 발전에 한 이정표가 되기를 바랄 뿐이다.

본사에서는 이상과 같은 취지로 『현대수필가 100인선』 전 100권을 완간하여 큰 반향을 불러일으킨 바 있다.

그러나 우리 수필문단의 규모나 수필문학의 수준에 비추어 선정 작가를 100인으로 한정하는 것은 형평성이나 효율성 면에서 크게 부족하다는 의견이 많았고, 본사 또한 이를 통감하던 터라 기꺼이 『현대수필가 100인선 Ⅱ』를 발간하기로 했다.

본사의 충정에 찬동하여 출판에 응해주신 저자 여러분에게 감사한다.

2014년 9월

수필과비평 · 좋은수필 발행인 서정환
현대수필가 100인선 간행 편집위원 박재식 최병호
정진권 강호형
오세윤

차례ㅣ 현대수필가100인선Ⅱ·72

1_부 바다로 가는 목마

바다로 가는 목마 • 12
자연이 흘린 눈물 • 16
잡초 • 18
꽃 멀미 • 21
수월봉의 들 • 25
수월봉의 달 • 30
눈 위의 발자국 • 35
골목길 • 39
괘종 소리 • 43
주인 잃은 자전거 • 47
꽃 한 송이 • 51
이삿짐을 정리하며 • 54

2_부 내 안에 살아 있는 당신

나비와 어머니 • 62
내 삶의 아름다운 변주 • 65
죽음 느끼다 • 68
항아리 • 73
손녀의 꽃반지 • 76
빛과 그림자 • 80
노을에 물들다 • 84
호접몽 • 88
내 안에 살아 있는 당신 • 91
나잇값 • 97
아들아 • 101

3_부 다시 불러 보고 싶은 이름

잘콴다리 • 108
다시 불러 보고 싶은 이름 • 112
엽기 체험 • 117
바람의 아이들 • 121
태풍 뒤에 뜬 보름달 • 124
사랑의 징검다리 • 128
한라산 까마귀 • 131
고귀한 존재 • 136
일상의 미학 • 139
콩나무로, 콩나물로 • 144
이 설운 애기야 • 148
이 철없는 아이야 • 155

4_부 아름다운 뒷모습

생명의 신비 • 164
어머니 꽃 구절초 • 167
시계꽃 • 169
숲으로 창을 내야지 • 173
짐 내려놓기 • 176
아름다운 뒷모습 • 179
마음 다스리기 • 183
산을 오르며 • 186
순천만 갈대 • 188
자귀꽃 피던 시절 • 191
곶자왈의 비명 • 195

◼ 작가연보 • 199

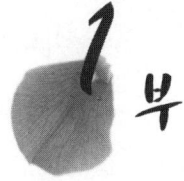

1부

바다로 가는 목마
자연이 흘린 눈물
잡초
꽃 멀미
수월봉의 들
수월봉의 달
눈 위의 발자국
골목길
괘종 소리
주인 잃은 자전거
꽃 한 송이
이삿짐을 정리하며

바다로 가는 목마

 컴퓨터 화면에 흉한 몰골이 떠 있다. 눈은 움푹 들어가고 툭 튀어나온 턱뼈와 문드러진 코, 앙상한 가슴뼈와 어깨뼈…. 오른팔을 움직일 수 없어 어깨뼈를 촬영했는데 해골 같은 모습만 다가온다. 죽어있는 존재 같아 참 낯설다. 의사는 "어깨 회전근 파열이 의심된다."고 했지만 어떤 말도 귀에 들어오지 않는다. 내 의식은 오직 저 뼈대만 우두커니 남아 있는 모습에 머물러 있을 뿐이다. 저기에는 어지러운 상념도, 어떤 고통도 없다. 멍해진다.
 '나' 속에 내가 보이지 않는 허상, 저게 진정 내 실재實在란 말인가. 생명 있는 사람인지 생명 없는 목마인지 분간할 수 없다. '나'라는 존재를 말할 때는 나를 느낄 수 있어야 하는데 저건 내가 아니다. 저 뼈대에 근육과 살가죽을 씌운대도 낯선 존재로 보일 것 같고, 그건 악몽을 꿀 때도 마찬가지다.

칙칙폭폭, 기차가 숲을 가로지르며 구불구불 빠르게 달리고 있다. 지붕도 난간도 없는 기차가 사람을 잔뜩 싣고 컴컴한 터널로 들어간다. "아아악 아악 아아악~!!" 사람들이 비명을 지르자 나도 덩달아 비명을 지르고 있었다. 터널을 빠져 나와 보니 옆자리에 앉아있던 어린 손녀가 없다. "첼시야아~~!" 목이 터져라 부르지만, 아무도 없는 숲속엔 두려움을 담은 목소리만 메아리로 퍼진다. 악몽에서 깨어나려고 몸부림쳐도 소용없었다. 꿈은 어떻게 조작할 수도 없고 깨어나고 싶을 때 맘대로 깨어날 수 있는 대상도 아니다.

'나'라는 존재 건너편에는 항상 타자가 존재하듯, 꿈속에서 메아리가 된 채 돌아다니던 내 목소리 또한 타자처럼 느껴진다. 정신은 내 안에 있는데 몸은 따로 존재하고 있을 때가 있다.

얼마 전에도 몸이 내 통제 밖에 있던 적이 있었다. 새벽에 고사리를 꺾으러 갔다가 곤두박질치는 바람에 가슴뼈와 어깨뼈를 다쳤다. 며칠 동안 어깨에 큰 주사를 맞고 전기치료와 초음파에 이어 온몸에 침이 숱하게 꽂힌다. 얼굴뿐만 아니라 발가락과 손가락, 다리, 손목까지 맡겨야 했다. 옴짝달싹 못하는 나는 죽은 목마가 되어 있다.

한 시간쯤 흘렀을까. 이제 일어나 외출복으로 갈아입어야 하는데 몸이 말을 듣지 않는다. 의식은 열려있어 멀쩡한데도 손끝 하나 까딱할 수 없다. 한참 후에 물리치료사의 도움으로 간신히 일어나긴 했지만, 그 후로는 약간의 징후만 와도 겁부터 더럭 났다. 몸에는 우리가 포착할 수 없는, 우리의 의식만으로는 통제할 수 없는 구석구석이 많은 것 같다.

요즘도 잠자리에 들면 몸을 뒤척일 수 없고 숨쉬기조차 힘들 때가 있다. 몸속의 반란자들이 나를 갉아먹고 있다는 망상에 빠지기도 한다. 두어 달 이어지는 불면증으로 정신과 육체가 와르르 무너져 피폐할 대로 피폐해진 상태다. 잠자리에 누워 눈을 꼭 감고 기도하다가 겁이 덜컥 날 때가 있다. 그동안 누적된 수면 부족을 보충하느라 잠이 한꺼번에 몰려오면 깊은 잠에서 영영 헤어 나오지 못할까 봐서다. 설마하니 눈꺼풀이 오래 닫혀 있다고 해서 그런 일이 일어나진 않겠지. 저녁에 지는 해도 붉은 기운이 오랫동안 남아있다가 그 기운으로 아침에 다시 뜨지 않는가.

먼 이국땅에 자리 잡은 아이들이 보고 싶다. 손주들의 웃음소리가 귀에 쟁쟁하다. 어쩌면 우리는 농축된 삶의 기억을 자양분으로 삼아 살고 있을지 모른다. 이대로 생을 마감할지라도 이승에서의 추억을 품어 안고 경계를 넘고 싶다. 몸과 마음, 삶과 죽음의 '경계'에 대해 생각해 본다. 모든 존재는 경계를 지니고 있다.

어깨뼈가 거의 회복되어 날개가 소생되었다. 다시 세상에 나다니고 싶어 날개를 조심스럽게 퍼덕여본다. 느린 날갯짓으로 다녀서인지 여태 보지 못한 것들이 눈에 많이 띈다. 아픈 사람 천지다.

 우리는 주어진 배역에 따라 살아가고 있는지 모른다는 생각이 든다. 진정한 내 배역은 뭐고 앞으로 어디로 갈 것인가.

자연이 흘린 눈물

오름을 오르던 중, 노루 한 마리를 만났다. 산속에서 만난 노루는 도망갈 생각도 않고 그 자리에 가만히 서 있었다. 갈 곳을 잃은 노루가 눈물 그렁그렁한 눈으로 이렇게 말하는 듯했다.

"나는 이제 갈 곳이 없어요."

TV에서 방영한 '아마존의 눈물'은 아마존의 원시 부족들 생활 모습과 신비로운 생태계를 보여 주었다. 자본의 침투로 하나뿐인 지구의 보고寶庫 아마존이 위협받고 있다는 내용이다. 건기인 7~9월에는 농업지와 목초지 형성을 위한 방화로 아마존 전역이 뿌연 연기로 뒤덮인다. 이로 인해 브라질은 쇠고기와 대두 생산량 세계 2위, 수출량 1위라는 명성을 얻었다. 또한 지구 산소의 20%를 담당하던 아마존이 지금은 배출하는 탄소가 더 많아지고 있다. 지구의 허파가 병들어 가고 있는 셈이다.

예전에 자연은 생명의 근원이었다. 휴식처이자 힘을 북돋아 주는 심신 치유의 대상이었단 말이다. 하지만 언제부터인가 자연은 개발의 대상이 되어버렸다. 당장의 이익은 자연의 목소리를 뒷전으로 만들어 왔으니까. 돈과 권력에만 눈이 먼 우리에게 자연을 지키기는 쉽지 않아 보인다.

지구촌 곳곳에서 원주민들에 대한 탄압은 계속 벌어지고 있다. 영화 '아바타'에서 보면 야노마미족은 아마존 밀림에서 원시 인류의 모습으로 살아간다. 그러다 개발업자들의 무분별한 채굴로 엄청난 희생을 치르는 야노마미족.

세계 곳곳에서 자연의 눈물은 눈이 되고 비가 되어 흘러내리고 있다. 북극의 얼음은 지구 온난화로 인해 빠른 속도로 녹아내린다. 북극에 사는 동물들도 급속도로 무너지는 환경 때문에 갈 곳을 잃고 있다. 지구촌에서는 뜻하지 않은 홍수로 물바다를 이루고 있다. 올여름 줄기차게 쏟아진 비는 한 맺힌 자연의 눈물이었다. 작은 생명들을 무시하고 그저 인간들끼리만 잘살아 보겠다고 무분별하게 길을 내고, 건물을 짓는다. 곁에서 소리 없이 사라져간 작은 생명들의 눈물이 망울망울 뭉쳐 큰비가 되고 홍수가 되고 말았다.

노루를 만나고 하산하던 날 하늘에서는 갑작스러운 소나기가 쏟아졌다. 빗속에서 어딘가 헤매고 있을 노루가 눈앞에 그려진다.

잡초

 집을 두세 달 비웠다가 돌아왔다. 마당이 잡초로 온통 덮여 있다. 예쁘던 화단도 온데간데없이 사라지고 말았다. 나름대로 색다르게 꾸며놓았던 화초화단도, 들꽃화단도, 다육이화단도 그 이름이 무색할 정도다.

 봄날 세상천지를 잡초들이 온통 장악하고 말았다. 애당초 잡초로 살아온 그들은 짓밟혀도 뽑혀도 푸른 잡초로 다시 살아난다. 화초보다 훨씬 강한 번식력이고 생명력이다. 잡초는 인간의 손길이 닿지 않는 곳에서 생명을 일구어낸다. 새봄이 오면 그들은 누군가의 집 정원에 맨 먼저 들어와 계절의 시작을 알린다. 길가에 죽은 척 엎드려 있다 봄이 오면 행동을 개시하는 선두 주자다. 봄의 풍경은 잡초와 함께 시작된다.

 이들은 대체 어디에 숨어 있다가 나타나는 걸까. 아무리 잡초꽃도 꽃이라지만 눈엣가시처럼 밉살스럽다. 내가 아끼는 꽃과 과실나무들 주위에 더 무성하다. 화초들이 잡초를 없애 달라고 아우성이다.

'이왕 참는 김에 하루만 더 참으렴. 오늘은 급히 써야 할 원고가 있단다.'

마음을 다잡고 앉았지만 꽃들이 눈앞에 어른거린다. 마당으로 나서자마자 황근나무를 친친 감고 올라간 넝쿨과 마주쳤다. 하필이면 희귀종인 황근나무 숨통을 조이고 있다니. 아무리 맨손으로 나왔어도 도무지 그냥 지나칠 수 없겠다. 이것 하나만 처리하고 들어가자.

화단에 들어가 칡넝쿨 같은 줄기를 있는 힘껏 잡아당겼다. 얼마 후, 줄기가 지끈 끊어지면서 내 몸이 뒤로 벌러덩 나자빠진다. 슬리퍼도 한구석에 나동그라져 있다. 슬리퍼를 주섬주섬 챙겨 일어났다. 오기가 뻗쳐, 넝쿨 뿌리까지 없앨까 하다 엄두가 나지 않아 관둔다.

현관으로 들어오다 가자니아에 솟아오른 잡초만 양손으로 급히 헤치웠다. 다른 꽃들도 아우성이지만 애써 모른 체한다. 며칠 내에 날을 잡고 일망타진해야겠다.

정원에 숨어든 잡초는 그야말로 시한부 생명이다. 그들은 남의 정원에 침입했다는 죄목으로 어김없이 처형당한다. 인해전술로 밀고 들어왔지만, 인간들에 의해 몰살당한다. 꽃과 다르다는 이유로, 제자리가 아니라는 이유로 인정사정없이 제거

되어야 하는 슬픈 운명. 하지만 희망도 푸르게, 꿈도 푸르게 말없이 피어나 살아가는 생명이다. 살아남기 위한 그들의 생존 방식은 가슴 아프도록 눈물겹다. 논에서 벼와 함께 피가 자라고, 콩잎을 닮은 잡초가 콩밭에서 자란다.

컴퓨터 앞에서 끙끙대고 있다. 좋은 글을 쓰고 싶은데 써지지 않는다. 형상화形象化와 기승전결起承轉結은 역시 힘들다. 인생의 한 단락과 같은 글들, 모든 구성이 뒤엉켜 어지럽다. 혼란스럽다. 이럴 때는 다 잊고 내면을 차분히 응시한다. 이런 몰두의 시간이 주어지기에 글을 쓰는지 모르겠다.

어디에서든 음과 양이 존재한다. 잡초를 제거할 때의 힘듦과 몰두도 마찬가지다. 숱한 잡초를 대했을 때의 막막함과 뽑고 나서의 후련함. 어쩌면 우리네 인생도 오르내림의 연속이 아닐까.

밤이고 낮이고 구름은 흘러가고 우리네 삶도 흘러간다. 파란 하늘에 새하얀 구름이 몽실몽실 가볍게 피어올랐다. 삶이 어렵고 힘들 때 흰 구름을 바라보면 마음이 한결 홀가분해진다. 한낮의 태양도 환하게 출렁이고 있다. 그 빛에 겨워 꽃은 꽃대로, 나무는 나무대로, 잡초는 잡초대로 하늘을 향해 웃는다. 하늘도 축복의 눈길로 우리를 바라보고 있다.

꽃 멀미

 섬진강 자락의 하동마을을 걷고 있다. 비가 한차례 내리고 난 뒤의 산등성이에서는 짙은 안개가 피어오른다. 긴 가뭄 끝에 내린 단비를 들이킨 매화와 복숭아꽃, 살구꽃과 배꽃이 흙냄새를 맡으며 첫사랑을 나누고 있다. 흙의 향내는 어린 시절에 맡던 냄새다.

 무딘 사람의 오감五感을 살려 내어 원초적인 숨결로 돌아가게 하는 꽃 잔치. 꽃구름을 이룬 산등성이에서 꽃의 정령들이 사뿐히 내려와 하늘 저 멀리 나를 데려간다.

 봄날의 하동 일대는 내 어린 시절처럼 풋풋하고 싱그럽다. 저마다 매력을 발산하는 꽃들과 나비로 가득하다. 나도 어느새 꽃이 되고 나비가 된다. 안개를 머금은 산등성이도 우리를 축복하듯 빙긋이 웃고 있다. 꽃들도 사람들도 살랑거리는 바람과 함께 날아다닌다.

화개장터 벚꽃축제가 열리는 날이다. 바람 끝이 맵싸하다. 꽃잎을 연모해오던 봄바람이 새초롬한 꽃들에게 숨결을 불어넣어 준다. 바람은 활짝 핀 꽃잎보다 갓 피어나는 꽃잎에 더 머물러 있다. 아직 푸른 꿈이 그 속에 서려 있기 때문일까.

하늘대는 진달래가 하도 고와 들여다보고 있다. 안개가 촉촉이 스민 사이로 진달래꽃과 새싹들의 숨바꼭질이 어여쁘다. 광대나물꽃은 작은 꽃잎 속의 지도를 내보이며 벌을 유혹하고, 다른 야생화들도 교태를 한껏 부리고 있다. 그들은 서로 수런거리며 주위를 환하게 밝혀준다. 한 줄기 바람이 지날 때마다 나뭇잎은 물방울을 털어내느라 분주하다. 생명의 소리로 가득한 황톳길 사이로 벚꽃 숲길이 끝없이 펼쳐져 있다.

나무들 사이를 오가는 산새들도 포로롱 포로롱 호로로 호잇 노래한다. 옥이 구르듯 노래하는 새소리엔 희열이 담겨 있다. 새소리에 일렁이는 꽃잎들이 내 머리에도, 평상에도 소복소복 내려앉는다. 봄은 꽃을 수북하게 몰고 와서 영혼을 들썩이게 하고 있다.

새들은 희망과 사랑의 노래를 부른다. 그 노래 속에는 꽃과 나무와 벌레들의 영혼이 담겨 있다. 그 소리는 영혼의 귀와 마음을 활짝 열어야 들린다. 바쁜 걸음으로는 안 보였던 꽃들도 느긋한 마음으로 눈을 여니 들어오고 있잖은가. 봄은 더디도 천천히 내 곁으로 다가오고 있었다. 발아래에는 냉이꽃, 쇠

별꽃, 봄까치꽃 같은 작은 꽃 천지다. 무심코 딛는 발길에 꽃이 다칠까 조심스럽다.

얼마를 걷다 보니 산수유나무가 나타났다. "아, 산수유!" 제주에서는 좀처럼 볼 수 없는 꽃이기에 퍽이나 반갑다. 산등성이에서 두릅을 따고 있던 아낙이 "두릅이 연하게 올라왔는데 좀 잡숴 보소." 하며 배낭에 집어넣는다. 봄날에 실린 후한 인심이 새봄을 피워 올리는 꽃과 닮았다.

화향 짙은 섬진강의 봄바람에 실려 은은한 꽃향기가 흘러온다. 화향만리花香萬里다. 하지만 내 글은 문향만리文香萬里는커녕 내 언저리에서 맴돌기만 할 뿐이다. 그래도 누가 알랴, 내 글도 만 리를 갈 수 있을지.

갑자기 꽹과리 소리가 왁자하다. 사람들이 떼거리로 몰려있는 그곳으로 향했다. 각설이 타령이 한창이고, 반대편 무대에서는 음악회를 위한 연주곡 리허설이 한창이다. 동생이 연주팀에 속해서인지, 음악이 오롯이 음악으로 다가와 사랑스럽다.

사람이 무언가를 사랑한다는 것은 대상과 자신을 소통시키고 동일시하는 일이다. 섬진강의 봄날에 취한 탓인지, 이들이 내 영혼을 일깨우기 위한 축제를 벌이고 있다는 착각에 빠져든다. 이 무구無垢와 영원은 얼마간 내 삶과 글의 울타리가 되고, 든든한 뿌리로 남을 터다.

어느새 해가 서산으로 뉘엿뉘엿 기울기 시작한다. 저무는 섬진강에는 물안개가 자욱하다. 수많은 꽃이 피고 지는 동안 얼마나 많은 사람이 이 강가에서 서성였을까. 징검다리에 쪼그려 앉으니 물소리가 귓전 가득하다. 꽃향기에 취해 꽃 멀미가 난다. 지나치게 아름다운 것은 아픈 법이랬나.

봄이 되어 꽃이 핀다고, 가을이 되어 꽃이 진다고 얼마나 기뻐하고 슬퍼했을까. 그들의 애틋한 사연과 흘렸을 눈물에 가슴이 먹먹해진다. 흐르는 섬진강 위로 꽃잎 하나 떨어지고, 꽃잎을 실은 강물은 혼자 사라지고 있다.

수월봉의 둘 (제주어)

 수월봉 일몰을 놓치카부덴 친구가 재기재기 차를 몰암수다. 이대로 가민 일몰도 놓치지 않을 거 같아예. 주차장에 차 세워 둰 ᄃᆞ르멍ᄃᆞ르멍 꼭대기ᄁᆞ지 올라와십주. 체얌은 숨 볼락볼락 ᄒᆞ난산디 아무것도 눈에 들어오지 안헨게마는 ᄀᆞ만이 앚안 ᄆᆞ심 ᄀᆞ라앉히난 ᄒᆞ끔썩 베려졊수다. 눈이 베지근ᄒᆞ여졈신게마씀. 죽은 봉우리 전체가 연안 조류와 해식 작용으로 깎연, 해안 절벡도 벵풍 두르듯 장관이우다.
 수월봉은 일름도 곱주마는 주벤도 고와예. 너르게 펼쳐진 수월봉 ᄃᆞ르는 어머니 치마폭에 모자이크ᄒᆞ영 수논거추룩 아기자기ᄒᆞ우다. 물과 둘로 이루어진 수월봉水月峰이선 물이 둘에 빠지고, 둘이 물에 빠집니다. 이태백이 요디 오민, 시를 짓당 바당의 둘 속으로 첨벙 뛰어들 거 닮수다. 이태백은 둘 속에 이녁이 들어 잇뎬 헷수게.

물과 둘은 원래 ᄒ나엿덴예. 물이 무심히 이녁 갈 길 가듯 둘도 유유히 흘러갑니다. 물은 아멩 힘들어도 이녁이 가고정 ᄒ 바당으로 갑니께. 둘은 세상의 온갖 사연 품엉 ᄌ신을 만들어 가곡마씀. 초싱둘이 되엇당 반둘이 되엇당 보름둘이 되엇당 ᄄ시 그믐둘로…. 너르닥ᄒ 낮광 밤은 물과 둘을 ᄆ 안앙 ᄄᄄ시 품어주고예.

일몰 중이서도 수월봉 일몰은 좀 특벨ᄒ 게마씀. 이곳이서 보는 일몰이 곱들락ᄒ멍도 처연ᄒ게 보이는 건, 저 장엄한 광경 ᄄ문이기도 ᄒ주마는 저디 담긴 슬픈 ᄉ연 때문인 거 ᄀᆮ으우다. 수월이와 녹고 남매가 어머니 병구완ᄒ젠 약초 캐러 갓당 절벡이서 떨어졍 죽엇수다. 셍각해봅서, 그 어미 속이 오죽 ᄒ여시크냐.

ᄀ심 속에 홀 말 솜빡 이서도 말ᄒ지 못ᄒ고 속울음만 슴키는 저 파도도 마찬ᄀ지 아니카마씀? 쉼 엇이 일렁이멍 속울음 슴키는 해조음海潮音에 나 ᄀ심이 막 떨려왐수다. 저 바당은 사름덜 ᄉ연을 ᄆ 알고 이실 거라예. 경ᄒ멍도 ᄒ펜이론 무심ᄒ 것도 ᄀᆮ으난 몰르쿠다 원. 잘 붸려보난, 바당은 저멀리 잇수다. 파도는 물가에 왕 이서도 바당은 저디 멀리 이신게마씀.

아, 저 일몰 광경 좀 붸려봅서. 바당으로 빨려 들어가는 강렬한 색채도 장관이주만 퍼렁ᄒ 바당속으로 오믈락 빠지는 벌경ᄒ 해는 어디로 간 거우꽈. ᄀ심 벅찬 찬란함이 순식간에

휏 사라졋수다. 요런 판도 이시카게. 어둠이 거멍호게 느리는 바당인 고기잡이배 멧 척만 덩그러니 남앙 시침 딱 뗌신게마씀.

 느닷엇이 헤밍웨이의 「노인과 바다」라는 소설이 생각나네예. 궤길 잡젠 바당으로 나간 노인은 더 먼 바당으로 나강 큰 궤기를 낚읍니께. 둘은 사흘 동안 사투를 벌이멍 바당을 표류 흐는디, 누가 누구를 낚아신지 몰를 정도로 숙명적인 싸움을 벌이잖아예. 경흔 과정에서 노인은 비애와 허무 같은 삶의 섭리를 배웁니께. 항구에 도착행 보난 노인의 희망이었던 물고기는 앙상한 뼈만 남아신디, 과연 이 힘든 싸움에서 누가 이기고 누가 진 건고게.

 에에, 시상은 놀람 천지난 잘 몰르쿠다. 시상이 이추룩 놀람 천지라도 고요흔 건 고요ᄒ고 순수흔 건 순수ᄒ여마씀. 밀려오곡 밀려가는 바당은 언제 베려봐도 ᄒ나우께. 산다는 건 결국 ᄒ나가 되기 위흔 몸부림 같기도 ᄒ염수다. 흩어지긴 쉬워도 ᄒ나로 모아지긴 쉽지 안ᄒ주. 쓸디엇인 말딜도 너미 하영 덜 굴앙 상처나 주곡마씀게. 저 바당을 봅서, ᄒ고 싶은 말은 하영 이실 테주마는 미어지는 소곱을 짚이 감춰둠서 철썩철썩, '기여기여 늬말이 맞다 늬말이.' 헴수게.

 이제 일몰이 ᄉ라졋수다. 일출에서 일몰까지의 흐름을 보민, 우리 인생광 닮은 거 같지 안ᄒ우까? 우리 삶도 그림을 그린덴ᄒ민 저녁 썰물 같을 텝주. 동쪽에서 태어나 잠시 거닐당 서쪽으로 지는 우리네 인생마씀. 인생이 진진홀 거 같주마는 질지 안잖아예. 영 쫠븐 인생이서 우린 얼마나 만은 지쁨광 슬픔, 만남광 이벨을 반복ᄒ멍 훈평생 살아값수가. 일출서 붸려보민 아득ᄒ고 길게만 느껴지는 인생이 일몰에 다다르민 하도 쫄방 회한만 ᄀ득ᄒ고마씀게.

시간은 인간이영 손잡앙 같이 가지 안ᄒ는 거 닮수다. 에에, 어떤 기대도 당추 말아삽주. 이 시상 누구와도 영원홀 순 엇인거난예. 내가 누군가의 파도가 될 수 있을 뿐 누군가의 바당이 되어주진 못ᄒ는거 아니우까. 잠시 이녁덜ᄒ고 함께홀 뿐, 영원히 함께홀 순 엇이난마씀게. 시간은 인간과 멀어졍 이녁 갈 길 가곡, 인간은 시간 뒤꽁무니만 뜨라가졈수다. 시간의 무늬는 자꾸 번져나가고예.

시상은 번져나가는 거 천지우다. 파도는 바당으로, 일출은 일몰로, 오늘은 내일로 번져나가지 안ᄒ염수가. 나는 이녁에게로 번지고, 이녁은 나안티 다가와마씀. 번지면서 살아가는 게 세상 닮수다. 봄이 번져 ᄋ름이 되고, ᄀ슬은 저슬이 되고, ᄉ랑도 슬픔도 이벨도 번져나갑주마씀. 생로병사도 흠치 구르멍 ᄃ니는 거 같아예.

동새벡이 눈 뜨민 동분서주ᄒ고, 뭔가에 웃고 울고 기뻐ᄒ고 아파ᄒ지 안ᄒ니까. 살아가멍 부딪히는 하간 일덜은 왁왁ᄒ기도 홉주. 문득 우리네 삶은 밝음과 어둠의 얼룩짐이 아닐까 ᄒ는 생각도 들엄수다. 삶이 밝음의 세계에서만 이뤄지는 건 아니난마씀게. 아무리 펜안ᄒ게 사는 거 같은 사름도 어둠과 죽음의 두려움이서 헤어나긴 쉽지 안홀 거라예. 죽음의 세계서 붸려보민 우리 이성은 보잘거엇고 지성이라는 것도 ᄒ나 쓸모엇일 거 같으우다. 우린 일출과 일몰의 의미조차 깨닫지 못ᄒ멍 이녁 눈으로만 봥 맨날 잘난 첵ᄒ지 안헴수가.

어린 시절 서울에 모처럼 강, 동물원에 가십주. 기린이나 얼룩말 앞이서 오래 이서집디다. '자이넨 목 질게 빼엉 뭘 붸렴지?' 셍각ᄒ면서예. 자이들도 저마다 뚜난 눈으로 시상을 붸렴실 건가예. 난 어떵ᄒ지 돌아봐졌수다. 불만이나 ᄀ득 안앙 사는 거 같안, 막 부치러운게마씀.

날이 어두워지고 잇네예. 사름덜이 ᄒ나둘 수월봉을 떠나고 이신디, 저멀리 먼 바당을 붸려보는 흑생이 이신디 휴대폰으로 옆이 이신 들꼿이영 고깃배를 찍엄수다. 가차이 다가강 말 좀 걸어보젠ᄒ난, 좀깐 세경 ᄇ리는 새에 오꼿 노을 소곱으로 ᄉ라져불어신게마씀.

수월봉을 ᄂ려올 때 어느새 떠오른 둘이 밤하널을 비춰주고 이선예. 둘은 우리네 여윈 삶을 비춰줄 거추룩 자꾸만 뒤뚜라왐십디다.

수월봉의 달

 수월봉 일몰을 놓칠까 봐 친구가 서둘러 차를 몰고 있습니다. 이대로 가면 일몰을 놓치지 않을 거 같네요. 주차장에 차를 세우자마자 달리고 또 달려 수월봉 꼭대기까지 올라왔습니다. 처음에는 숨이 턱까지 올라와 아무것도 눈에 들어오지 않았는데 가만히 앉아 마음을 가라앉히자 조금씩 눈에 들어옵니다. 눈이 호강하네요. 작은 봉우리 전체가 연안 조류와 해식 작용으로 깎이니 해안 절벽이 병풍을 두른 듯 장관입니다.
 수월봉은 그 이름도 예쁘고 주변 경관도 일품이지요. 넓게 펼쳐진 수월봉 초원은 마치 어머니 치마폭에 모자이크로 수를 놓은 것처럼 아기자기합니다. 물과 달로 이루어진 수월봉水月峰에선 물이 달에 빠지고, 달이 물에 빠집니다. 이태백이 여기에 오면, 시를 짓다 바다에 빠진 달 속으로 첨벙 뛰어들 것 같아요. 이태백은 달 속에 자신이 들어있다고 했잖습니까.

물과 달은 원래 하나였다고 해요. 물이 무심히 제 갈 길을 가듯 달도 유유히 흘러갑니다. 물은 아무리 힘들어도 자신의 갈 길인 바다로 갑니다. 달은 세상의 온갖 사연을 품은 채 자신을 만들어 가고요. 초승달에서 반달, 보름달로 서서히 나아갑니다. 그러다 다시 그믐달로 향해 가지요. 마음이 넉넉한 낮과 밤은 물과 달을 따뜻이 품어 어루만져줍니다.

일몰 중에서도 수월봉 일몰은 좀 특별한 데가 있습니다. 이곳에서 보는 일몰이 아름다우면서도 처연하게 보이는 건, 저 장엄한 광경 때문이기도 하고 저기 담긴 슬픈 사연 때문이기도 합니다. 수월이와 녹고 남매가 어머니의 병을 구완하려고 약초를 구하러 집을 나섰지요. 그 약초는 벼랑에서만 자라는 약초여서 절벽 낭떠러지에 떨어져 죽고 말았습니다. 어미 속이 오죽 문드러졌겠습니까.

할 말이 많아도 속울음만 삼키는 저 파도도 마찬가지 아닐까요. 쉼 없이 일렁이며 속울음을 삼키는 해조음海潮音에 가슴이 먹먹해지네요. 바다는 사람들의 갖가지 사연을 전부 알고 있겠죠. 그러면서도 어떤 때 보면 무심해 보이기도 하니, 알 수가 없습니다. 파도는 물가에 와 있는데 바다는 저 멀리 있습니다.

아, 저 일몰 광경 좀 보세요. 바다로 빨려 들어가는 붉은 해도 장관이지만 시퍼런 바닷물로 순식간에 빠진 불덩이 해는 어디로 갔답니까. 가슴 벅찬 찬란함이 순식간에 확 사라지고 말았습니다. 이런 경우가 어딨습니까. 어둠이 시커멓게 내리는 바다엔 고기잡이배 몇 척만 덩그러니 남아 시침을 떼고 있네요.

느닷없이 헤밍웨이의 『노인과 바다』라는 소설이 생각납니다. 물고기를 잡으려고 바다로 나간 노인은 더 먼 바다로 나가서 큰 고기를 낚습니다. 둘은 사흘 동안 사투를 벌이며 바다를 표류하게 되는데, 누가 누구를 낚았는지 모를 정도로 숙명적인 싸움을 벌이지요. 그런 과정에서 노인은 비애와 허무 같은 삶의 섭리를 배웁니다. 항구에 도착했을 때, 노인의 희망이었던 물고기는 앙상한 뼈만 남았는데 과연 이 힘든 싸움에서 누가 이기고 진 걸까요.

세상은 놀람 천지라 잘 모르겠습니다. 세상이 이처럼 놀람 천지라도 고요한 건 고요하고 순수한 건 순수합니다. 밀려오고 밀려가는 바다는 언제 봐도 하나지요. 산다는 건 결국 하나가 되기 위한 몸부림 같기도 합니다. 흩어지긴 쉬워도 모이긴 쉽지 않지요. 쓸데없는 말들도 너무 많이 해서 상처를 주니 되돌아볼 필요가 있습니다. 저 바다를 보세요, 하고 싶은 말은 많을 테지만 묵묵히 철썩이고만 있지 않습니까. 속울음을 삼키고 포용하면서 철썩철썩, '그래그래 네 말이 맞다, 네 말이!' 합니다.

이제 일몰이 사라졌습니다. 일출에서 일몰까지의 흐름을 보면, 우리 인생과 닮지 않았나요? 우리 삶도 그림으로 펼쳐보면 밀물 썰물 같을 겁니다. 동쪽에서 태어나 잠시 거닐다 서쪽으로 지는 우리네 인생 말입니다. 생이 참 길 것 같지만 아니잖습니까. 이 짧은 생에서 우린 얼마나 많은 기쁨과 슬픔, 만남과 이별을 반복하며 살아가는 걸까요. 일출에서 바라보면 아득하고 길게만 느껴지는 인생이 일몰에 다다르면 너무도 짧아 회한만 가득합니다.

시간은 결코 인간과 손잡고 함께 나아가지 않습니다. 하기야, 어떤 기대도 아예 말아야겠죠. 이 세상 누구와도 영원할 수는 없으니까요. 내가 누군가의 파도가 될 수 있을 뿐 누군가의 바다가 되어주진 못하는 거 아닙니까. 잠시 함께할 수 있을 뿐, 영원히 함께할 순 없으니까요. 시간은 인간과 멀어져 갈 길을 가고 있고, 인간은 시간의 뒤꽁무니만 따라가고 있습니다. 시간의 무늬는 자꾸 번져나가고 있고요.

세상은 번짐 천지입니다. 파도는 바다로, 일출은 일몰로, 오늘은 내일로 번져나가지 않습니까. 나는 그대에게 번지고, 그대는 내게로 다가오지요. 번지면서 살아가는 게 세상 이치 같습니다. 봄이 번져 여름이 되고, 가을은 겨울이 되고…. 사랑도 슬픔도 이별도 번져나가지요. 생로병사도 함께 구르면서 다닙니다.

새벽에 눈을 뜨면 동분서주하고, 뭔가에 웃고 울고 기뻐하고 아파하지 않습니까. 살아가면서 부딪히는 온갖 일은 내 가정과 세상의 혼돈이기도 하지요. 문득 우리네 삶은 밝음과 어둠의 얼룩짐이 아닌가 생각이 듭니다. 삶이 밝음의 세계에서만 이뤄지는 건 아니니까요. 아무리 편안하게 사는 사람도 어둠과 죽음의 두려움에서 헤어나긴 쉽지 않잖습니까. 죽음의 세계에서 바라보면 우리 이성은 보잘것없고, 지성도 하나 쓸모없습니다. 우리는 일출과 일몰의 의미조차 깨닫지 못하면서 너무 오만하게 살아가는 건 아닌지요.

어린 시절, 모처럼 서울에 갔다가 동물원에서 기린과 얼룩말 앞에 오래 머물곤 했습니다. '쟤네는 목을 길게 빼고 뭘 쳐다보고 있지?' 생각하면서요. 저는 아직도 모르겠습니다, 저들이 뭘 쳐다보는지요. 저들도 저마다 다른 시각으로 세상을 보고 있는 걸까요. 저는 어떤지 돌아보고 있습니다. **삐딱한 시선**으로 불만이나 가득 안고 사는 듯하여 **부끄럽네요**.

날이 어두워지고 있습니다. 사람들이 하나둘 수월봉을 떠나는데 저쪽에 한 학생이 먼 바다를 바라보다 휴대폰으로 옆에 있는 들꽃을 찍기도 하고 고깃배를 찍기도 합니다. 가까이 다가가 말을 나누고 싶은데 잠깐 한눈파는 사이에 노을 속으로 사라지고 말았습니다.

수월봉을 내려올 때 어느새 떠오른 달이 밤하늘을 비춰줍니다. 달은 우리의 여윈 삶을 비춰주려는 듯 자꾸만 우리 뒤를 따라오고 있습니다.

눈 위의 발자국

 동창 다섯이 주말에 오름을 오르기로 했다. 날이 가까워 일기예보를 다시 살핀다. 날씨는 여전히 '흐림 또는 맑음'이다. 설마 사흘 사이에 변수가 생기진 않겠지.
 이틀 전부터 비바람이 몰아치기 시작한다. 하루 전날이 되었는데도 멈출 기미가 보이지 않았다. 모임을 취소해야 하나 말아야 하나. 전화가 바삐 오갔고 그냥 강행하기로 한다. 드디어 토요일 새벽, 사방이 어둡다. 바람은 가라앉았지만, 비가 간간이 내리고 있다. 삼의악으로 향한다.
 말들이 한가롭게 풀을 뜯는 삼의악 초원을 걷고 있다. 거미줄에 맺힌 이슬이 햇살에 반짝인다. 어디선가 갑자기 '컹컹 커정 커정' 하는 소리에 바짝 움츠러들었다. 뒤따라오던 남자가 웃으며 말한다. "무서워 맙서, 저건 들개 소리가 아니고 노루

소리니까." 풀만 뜯어 먹는 날렵한 노루가 저런 소리를 내다니.

 길 양쪽으로 조릿대가 무성하다. 조심조심 걷고 있는데 어디서 바스락 소리가 난다. 간담이 서늘하다. 우습게도 눈앞에 나타난 건 새끼 노루 두 마리다. 눈망울이 더없이 맑다.

 새끼 노루는 우리를 한참 살피더니 초원으로 가볍게 뛰어간다. 한라산 기슭 너른 품 안에서 노루 가족이 평화롭게 노닐고 있다. 저렇듯 유순한데 어디에서 그렇게 거친 소리가 나올까. 저들은 아무런 경계심을 보이지 않더니 우람한 남자들이 나타나자 숲으로 후다닥 도망친다.

 노루와 헤어져 한 시간쯤 걸었을까. 하늘이 우중충해지면서 함박눈이 푸들푸들 내리기 시작한다. 다들 두 팔 벌려 환호하느라 야단법석이다. 바람에 업혀 내려온 눈이 하얗게 내려앉는다. 하염없이 내려와 나무에도 소복소복 쌓였다.

 눈이 내리면 우리 동네 사람들은 조용히 눈을 맞이한다. 하늘을 헤치고 내려온 눈이 쌓이면 세상이 한 눈에 훤히 보인다. 간간이 박새 소리 들리고, 개 짖는 소리도 들린다. 눈 위를 뛰어다니는 강아지 모습도 보인다. 저들처럼 폴짝거리며 눈밭에서 뒹굴고 싶다. 모든 시름 다 팽개치고 뛰어다니고 싶다.

 눈은 삽시간에 세상을 온통 하얗게 만들었다. 이런 설경을 어디에서 다시 만날 수 있으랴. 한 친구가 눈밭으로 뛰어나간다. 멀거니 산야山野를 바라보고만 있던 일행이 와르르 달려간다. 꽁꽁 싸매둔 마음의 빗장을 열어젖히고, 쌓인 더께도 눈밭에 휘이휘이 날려보내고 있다. 설경 속에 온전히 몸을 맡겨 원시로 돌아간다.

몸이 점점 하얘지면서 마음도 하얗게 변해갔다. 영혼이 포근해지면서 어머니의 품속에 안긴 듯 평안하다. 세상은 어느새 설원雪原이 되고 그 위로 눈이 끊임없이 내린다. 발자국 하나 찍히지 않은 원시의 설원이 끝없이 하얗다. 천년의 설원이다.

소복이 쌓인 눈 속에 얼굴을 들이밀어 모양을 찍어낸다. 그 모습을 바라보며, 누구는 석고상 같고 누구는 하회탈 같다며 한바탕 웃음이 지나간다. 하회탈 위로 눈이 쌓여가고 설원 위로 뚜렷하던 발자국도 금세 자취를 감췄다. 우리도 언젠가 저렇게 사라져갈 미물에 불과하다. 저 끝은 과연 어디일까.

한라산에 안개가 걷히고 있다. 한라산이 삼의악을 흐뭇하게 내려다보는 듯 정겹다. 자식을 바라보는 자애로운 모습이 영락없는 어머니 얼굴이다. 한라산은 삼백 칠십여 개의 오름을 거느리고 있는데, 삼의악도 그중 하나다.

사방은 어느새 저녁 어스름에 젖어 들고 있다. 은은한 저녁 햇살이 초원을 금빛으로 물들인다. 노을 속으로 결결이 흘러 들어가는 오름의 물결들. 하얗게 핀 찔레꽃 향기도 물결을 따라 번지고 있다. 아무리 혹독한 비바람이 몰아쳐도 때가 되면 으레 꽃을 피우고 열매를 맺는다. 자연은 어디서나 발자국을 남기고 있다.

삼의악에서 내려와 몇은 우리 집으로 향한다. 한라산 자락에 있어 거리가 가까워서다. 해발 오백 미터 고지에 자리를 잡아 삼의악에서 불과 이백 미터 남짓한 거리다. 모의 작당한 친구 둘은 우리 집에서 빈둥거리며 고립된 날을 보내기로 한다. 때로는 속세와 단절하는 시간도 필요하다나. 하늘은 바람 한 점 없이 잔뜩 흐려있고 백설은 분분히 날린다.

나무둥치를 뚫고 연한 새싹이 고개를 내밀고 있다. 앙증맞다. 싹이 나무 몸통 아래에서부터 돋아나고 있다. 혹독한 추위에 벌거벗고 지내면서도 양분을 있는 힘껏 위로 뿜어 올리는 모성애, 눈물겹다. 강추위가 맨살 세포 하나하나로 올올이 스며들 때마다 어떻게 견뎌내고 있을까. 죽어가는 살을 움켜잡고 오죽 몸부림을 쳤을까.

하루가 지나자 눈이 녹고 햇살이 간지럽다. 나비가 이 꽃 저 꽃을 넘나들며 봄날의 오수午睡를 즐기고 있다. 저들에게는 한 치의 시름도 없어 보인다. 꽃의 아름다움에 취해 마냥 흥에 겨운 몸짓이다. 나비들은 생의 가운데를 지나고 있다. 아마도 죽기 전까지 날갯짓은 계속될 것이다. 팔랑거리는 저 날개에 힘이 빠져 접어지는 날, 나비도 죽음을 맞이하리라.

눈 내리는 밤, 조용히 커튼을 열고 조명등만 켠다. 고요하게 흐르는 음악 소리에 눈을 감는다. 소복소복 눈 내리는 소리를 들으며 음악을 들을 수 있는 시간은 얼마나 행복한가. 내가 걸어온 길, 가야 할 길을 생각해 본다. 눈 위에 작은 발자국을 남기듯, 그 길에서 만난 사람들 얼굴이 차례차례 그려진다.

골목길

 세월은 강물처럼 흘러 코흘리개 소녀는 속 깊은 초로의 여인이 되었다. 비록 세상사와 인간에 대한 애증으로 밤잠을 설치는 날이 많지만, 여인은 어쨌거나 마음은 깊어졌다.
 어른이 된 소녀는 어느 날, 그 골목길이 궁금해졌다. 아직도 그 골목길은 미로처럼 숨겨져 있을까. 지금도 누군가 골목길에서 그 옛날의 소녀처럼 미로 찾기를 하고 있지는 않을까.
 수십 년 가까운 세월이 흘렀기에 별 기대 없이 그곳을 찾아 나선다. 꼬불꼬불 좁은 골목길에 엉기성기 쌓은 돌담과 아담한 옛 슬레이트집들이 끊길 듯 이어지면서 어느새 아스라한 유년 시절로 되돌아가고 있다. 아련한 기억을 가만가만 더듬어가며 의외로 그 골목길을 찾아낼 수 있었다. 골목을 경계로 위쪽은 깨끗이 정리되어 빌라나 상가들이 빼곡하게 들어차 있다. 골목 아래쪽으로는 그나마 옛 모습이 더러 남아 있었다. 골목길을 굽이돌다 이내 한눈에 들어왔던 그 집, 손바닥만 한 변소 문을 낀 나무 대문이 휘어져 안이 빠끔히 들여다보이던 집이다. 마당에 앉으면 얕은 담장 너머로 바다가 훤히 건네보이던 그 집이 마치 나를 기다리고 있었던 듯 거기 앉아 있다.

골목길은 언제나 살아 꿈틀대고 있었다. 장마가 끝날 무렵이면 소독차가 나타난다. 아이들은 달리는 차 꽁무니로 뿜어져 나오는 하얀 소독약 냄새를 따라 이 골목 저 골목 누벼 다녔다. 고무줄놀이를 하다 실랑이를 벌이기도 했다. 전쟁놀이가 벌어질 때는 새총이나 막대기들이 등장해 치열한 땅 싸움이 일어났다. 골목길은 왁자지껄해지고 간혹 옆집 할아버지가 나타나 시끄럽다며 지팡이를 휘두르면 우르르 골목 밖으로 줄행랑쳤다가 금세 제자리로 돌아와 다시 놀던 아이들. 날이 어둑해질 무렵 이 집 저 집에서 "순이야, 밥 먹을 시간 되었다" 하고 불러대야 떨어지지 않는 발길을 돌리곤 했다.

저녁밥을 먹고 나면 우린 다시 모여 놀았다. 밤늦게 방에 들어가면 동생들은 벌써 잠들어 있었다. 잠든 동생들의 다리 사이로 미끄러지듯 파고들 때의 그 푸근함, 추위를 피해 아랫목으로 옹기종기 모여들며 뒤엉키던 속살들의 절절한 온기…. 내 삶이 메마르다 싶을 때면 이날을 떠올린다.

골목길에서는 사랑이 넘쳐났다. 추운 겨울날 밤, 제사가 끝나면 어머니는 음식을 차롱에 담아 이 집 저 집으로 심부름을 시켰는데 순전히 동생과 내 몫이었다. 집집마다 빈 그릇인 채로 돌려보내는 일은 거의 없었다. 뭔가로 채워 줬는데 주로 말린 고구마나 사탕 같은 간식거리다. 보잘것없어 보여도 싸 주는 손길엔 따스한 정이 담뿍 담겨 있었다.

골목길은 기다림이었다. 기다림에는 아련한 그리움이 묻어 있다. 그리움은 슬픔이 아니라 희망이다. 골목길에 대한 기다림과 그리움은 불쑥불쑥 나타난다. 기다림과 그리움 속에서 내 몸도 부풀어가고 정신도 익어 갔다.

우리의 골목길이 사라지고 있다. 옛날에는 이웃집에 누가 사는지, 어제 무슨 일이 일어났는지 다 알 수 있었다. 하지만 지금은 밤중에 우리 동네 앞을 지나가던 구급차 사이렌 소리의 원인을 알지 못한다.

상점도 옹기종기 많았다. 작지만 없는 물건이 없던 구멍가게, 양장점, 미용실, 세탁소, 연탄집…. 그 많던 가게는 모두 어디로 갔을까. 동네 구멍가게는 물건만 파는 곳이 아니라, 소식을 물으며 세상살이의 어려움을 나누는 장소이기도 했다. 가게 주인은 누구의 부모였고, 그곳에서 만나는 사람들도 다 친밀한 관계였다. 작은 가게들이 머리를 맞댄 골목길은 삶의 터전이었다.

이제 골목길에 아이들이 없다. 그 많던 아이들은 모두 어디로 가버린 걸까. 골목길이 사라지니 고목나무 아래 모여 앉아 얘기를 나누던 이웃도, 그들의 웃음소리도 사라져버렸다.

골목길은 아직도 내 삶에서 사라질 수 없는 기다림과 그리움의 공간이다. 긴 골목길을 빠져나온다. 큰 건물들이 우뚝 서 곧게 펴진 올레 골목이 낯설기만 하다.

괘종 소리

우리 집 대청마루인 상방에는 커다란 괘종시계가 걸려 있었다. 그 시계 소리는 성당의 종소리처럼 은은하게 집안 곳곳으로 퍼져나갔다. 안거리로, 밖거리로, 목거리로 스며들면서 말이다.

'데엥, 뎅, 데에엥~'

어린 시절, 시계 소리를 들으면 한없이 편안한 기분에 빠져들곤 했다. 느릿하게 울리는 그 소리에 따라 내 생각도 덩달아 천천히 흘러갔다. 지금도 가끔은 한없이 느긋한 성격이 나오기도 하는데, 그건 아마도 그 시절의 괘종시계 소리에 맞춰지지 않았나 한다. 그토록 여유롭게 흘러가던 시간은 모두 어디로 가버렸을까.

언제부턴가 시간에 쫓기고 있었다. 그 많은 시간이 어디로

다 가버리는지 금세 한 달이 되고, 일 년도 눈 깜짝할 사이에 지나가 버린다. 많은 일정이 끊임없이 쫓아다니며 하루하루를 앗아가고 있다.

어린 시절에는 시간이 무한정 펼쳐져 있을 줄 알았다. 동네 올레에서 어머니가 나를 찾을 때까지 놀았고, 집으로 돌아가면서도 친구들과 내일을 기약하며 헤어졌다. 세월이 흘러 순진하던 아이가 여인으로 성장하면서 사람들과 숱한 인연을 맺는다. 가끔은 시간이 태풍을 업은 파도처럼 거칠게 다가오고 그럴 때면 멀미로 헤맬 때가 많다.

한집에서 옹기종기 모여 살던 가족은 뿔뿔이 흩어져 버렸다. 부모님도 저세상으로 떠나버렸고, 소꿉친구들도 육지로 외국으로 가버렸다. 자식 셋도 마찬가지다. 부모님과 함께 살던 마당 넓은 집이 유독 그리워진다. 우영팟 한구석에서 자라던 감나무며 통시 옆 무화과나무, 동네 어귀 커다란 팽나무가 눈에 선하다. 감꽃으로 목걸이를 만들어 놀던 기억도 새록새록하다.

언젠가 둘러본 동네에는 감나무도 팽나무도 흔적이 없었다. 친구들과 함께 놀던 구불구불한 올렛길도 사라졌다. 동네 자체가 거의 사라져 그 옛날 정취를 좀처럼 찾아볼 수 없다. 아늑하고 평화롭던 동네엔 불빛 찬란한 음식점과 빌라, 아파트로 빼곡하다.

옛날 친구들도, 집들도, 골목도 사라졌다. 시간이 나를 버린

게 아니라 내가 시간을 버린 게 아닐까. 삶에 쫓기다 보니 그동안 많은 것을 잊고 살았다. 뒷골목에서 시간 가는 줄 모르게 함께 뛰놀던 친구들이 그립다. 친구들과 헤어져 돌아올 때 골목에는 내 그림자가 길게 드리워져 따라오곤 했다.

하루하루가 바쁘지 않은 날이 없었다. 몇십 년을 허덕대다 보니 어느새 아득하게만 여겨지던 예순을 넘어섰다. 지금부터라도 좀 여유롭게 살아갈 수 없을까. 굴곡진 소용돌이의 시간을 살아왔으니 남은 생은 평탄한 삶을 갈망한다.

세상에서 가장 중요한 게 뭘까. 가족, 친구, 부, 명예, 아니면 내 자신? 그렇다, 내 자신이다. 내가 없으면 저 찬란한 봄이, 녹음 짙은 여름이, 낙엽 지는 가을이, 눈 내리는 겨울이 무슨 소용이란 말인가.

이제 남은 시간이 별로 없고 마지막 남은 길은 외롭게 느껴진다. 인생은 결국 혼자 가야 하는 길이고 막막한 여로이다. 단테의 『신곡』을 읽을 때 시작하던 첫 구절이 생각난다.

"생의 절반을 보낸 나는 길을 잃고 홀로 어두운 숲에 서 있었다. 아, 그토록 음산한 숲을 어찌 말로 표현할 수 있으리."

그 길은 우리가 가야 할 마지막 길일지도 모른다.

한의원에 갔다. 맥박을 짚어보던 의사가 "심장 박동이 너무 빠르네요." 한다. 삶의 템포가 빨라서인가, 너무 초조해서인가. 내 몸은 왜 이리 빨리 돌아가는가. 잃어버린 시간이 아득하다. 그 옛날의 시계 소리가 그립다.

'데엥, 뎅, 데에엥~'
 괘종시계 소리는 미지의 시간을 느리게, 그리고 평안하게 알려준다.

주인 잃은 자전거

 아직도 자전거를 타지 못한다. 그러면서도 걸핏하면 자전거를 타고 어딘가로 떠나는 꿈을 꿨다. 바다 건너 어디론가 떠나기도 했고 달나라를 향해 날아가는 꿈을 꾸기도 했다.
 자전거는 내 꿈과 추억이었으며 아픔이었다. 자전거를 타고 싶었지만, 우리 집엔 자전거가 없었다. 여자애가 치마를 펄럭대며 자전거 타고 다니는 모습이 남사스럽다고 해서다. 자전거 얘기만 꺼내도 불호령이 떨어졌다. 자전거는 아련한 추억을 불러일으킨다. 내 오른쪽 무릎에는 흉터가 남아 있다. 열 살 경에 고종사촌 오빠로부터 자전거 타는 법을 몰래 배우다 생긴 상처다.
 어느 날, 오빠가 밀어주지 않아도 혼자 탈 수 있다는 자신감이 생겼다. 자전거에 올랐는데 코스모스가 바람에 일렁이면서 함께 달려주니 신바람이 났다. 세상이 온통 내 세상 같아 쌩쌩 달리다 시소에 부딪혀 나뒹굴고 말았다. 그때 겪은 사고 때문에 더더욱 자전거 얘기가 금기시되었다.

아이들과 뒷골목에서 놀던 시절, 자전거를 마음대로 타고 다니는 친구가 무척 부러웠다. 친구들이 타고 달리던 자전거는 무지개와 같은 거였다. 하늘색 자전거를 타고 달리는 친구를 보면 하늘을 나는 것 같고, 진파랑 자전거를 타고 달리면 찰랑대는 바닷속을 달리고 있을 거라는 생각이 들었다. 하지만 하얀 자전거를 타면 저 멀리 훨훨 날아가 돌아오지 못할 거라는 엉뚱한 생각을 했다. 먼저 저세상으로 떠난 동생이 떠올랐기 때문이다.

내가 여섯 살 때 태어난 남동생은 사람들의 부러움을 독차지했다. 동생은 하루가 다르게 쑥쑥 자랐다. 걸음마를 떼자마자 아버지가 하얀 세발자전거를 사 왔다. 아기 혼자 뒤뚱대며 자전거 바퀴를 몇 번 굴리자 동네 사람들이 "와아~" 하며 보내주던 박수 소리가 잊히지 않는다. 남동생은 원기소든 양유든 뭐든 잘 먹어 발달속도가 남달랐다. 주위에서는 우량아 선발대회에 보내라고 성화였는데 호사다마好事多魔라고, 어린애한테도 어김없이 닥쳤다.

온 동네 사랑을 받으며 잘 자라던 아이가 어느 날 갑자기 열이 펄펄 끓어 용하다는 한의사가 달려왔다. 한참 동안 진맥을 짚고 침을 놨지만, 약속한 하루가 지나도 별다른 차도가 없었다. 다음날은 칠성통에 있는 병원으로 달려갔다. 검사를 마친 의사는 단순한 감기 증세라며 주사를 한 대 놔줬는데 밤이 되자 아이가 축 늘어지지 않았겠는가. 할 수 없이 밤중에 병원 문을 두드렸고 결국 급성 폐렴 진단이 나왔다.

동생은 일주일 만에 저세상으로 떠나고 말았다. 흰 눈이 펄펄 내리던 날 동생과 함께 하얀 자전거도 세상에서 사라졌다. 동생에 대한 아픈 기억 이후 나는 자전거를 타고 다니는 꿈을 꾸곤 했다. 영화 〈이티〉에서 자전거를 타고 달나라로 날아오르는 이티의 모습은 가히 환상적이다.

호주에서 만난 자전거가 생각난다. 큰딸 집에서 멀지 않은 시드니의 대로변 한구석에 자전거 한 대가 서 있었다. 처음에는 대수롭지 않게 봤지만 한 장소에 변함없이 서 있는 자전거를 보며 궁금증이 생겼다. 저게 예술가의 작품일까, 아니면 주인 잃은 자전거일까. 그러던 어느 날 자전거 가까이 다가가 팻말에 적힌 글을 보게 되었다. '내 남편 톰 크루즈는 저를 구하느라 마주 오던 트럭에 치여 운명했습니다. 여보, 사랑해요. 천국에서 만납시다. 2010년 8월 30일 당신의 아내 제인 ○○○'

호주에서 보았던 자전거는 누군가의 기다림이 되어주기도 하지만, 그리움의 상징이기도 하다. 가끔 자전거 바퀴 사이로 지나온 시간을 되돌아본다. 두 바퀴가 구르는 윤회 속에는 아득한 기다림과 그리움의 시간이 모였다 흩어진다. 삶의 흔적과 같은 자전거는 시계의 태엽을 되돌리듯 새로운 시간을 향하고 있다. 시간도 흐르고 물도 흘러가지만 지나온 삶의 흔적은 우리 마음속에 그대로 남아 있다.

우리는 목마른 그리움으로 살아간다. 수많은 시간의 흐름 속에서 내가 만난 인연이 어찌 소중하지 않으랴. 내게 기쁨을 안겨주던 어린 동생이 그립고, 떠나버린 부모님이 그립고, 첫사랑을 이야기하던 옛 친구가 그립다. 그리고 이제 막 걷기 시작한 큰딸의 자식이 그립다. 그들과 함께 자전거에 나란히 올라 어디로든 달려가고 싶다. 정거장과 이정표가 없어도 끝없이 달리는 두 개의 바퀴처럼, 자전거를 타고 한없이 날아가고 싶다.

산책하러 간 공원 입구에 자전거가 한 대 서 있다. 버려져 낡은 듯했지만 가까이 가보니 아직도 쓸 만한 자전거다. 주인 잃은 자전거는 지나간 시간을 생각하듯 망연히 서 있다. 바람에 쓸려 날아온 쓸쓸한 가을 낙엽이 자전거 위로 툭 떨어진다.

꽃 한 송이

 봄은 눈물겹도록 아름다운 꽃의 계절이다. 헤아릴 수 없을 정도로 수많은 꽃은 대부분 봄에 피기 시작한다. 세상에서 꽃보다 더 아름답게 왔다 황홀하게 지는 생명도 없다. 피고 지는 꽃을 보면서 느낌이 없는 사람은 드물다. 부나비처럼 명예와 권력을 좇으며 허덕이다 진정한 삶을 잃어버린 사람에게나, 애절한 사랑 이후 슬픔에 젖어 있는 사람에게나 꽃은 저마다 특별한 의미로 다가온다.

 꽃 한 송이의 의미. 사실 꽃 한 송이 그 자체가 무슨 대단한 의미를 지니고 있을까 하고 생각할 수도 있다. 하지만 꽃이 없는 세상을 상상해 보라, 얼마나 삭막한 풍경일지. 꽃은 아름다운 자태와 그윽한 향기만으로 제 구실을 하고도 남는다. 작은 들꽃 하나에도 우주의 온갖 신비로운 비밀이 담겨 있다고 생각한다면 길섶에 핀 꽃 한 송이도 쉽게 보아 넘길 수 없다.

꽃들을 바라보며 살아 넘치는 생명의 신비와 평화로움을 생각해 본다. 바위 틈새에 온 산을 붉게 물들이며 활짝 피어난 철쭉. 진흙탕에 뿌리를 뻗고 피어난 연꽃. 4월의 자락에 매달려 돌담길을 노랗게 물들이는 개나리꽃. 기약 없는 삶 속에서도 의연하게 피어난 들꽃. 그 꽃들의 자유로운 웃음이 던져주는 평화와 여유로움은 어디에서 나오는 걸까. 생명과 자연의 순리를 따르며 인간으로 하여금 깨달음을 일깨우는 저 꽃들! 모든 꽃은 저마다 숭고함으로 피어난다.

꽃들이 지니고 있는 신비와 영롱함을 바라볼 때, 인간이 만물의 영장이라는 말은 무색하다. 봄까치꽃, 제비꽃과 같이 아주 작은 꽃들일수록 더욱 자세히 들여다보게 된다. 보일락 말락 한 작은 꽃 한 송이에도 꽃술, 꽃받침, 꽃잎, 이파리가 완벽하게 조화를 이루고 있어 한참 들여다보게 된다. 한 송이의 꽃을 바라보는 데에도 사랑의 마음이 필요하다. 진정으로 꽃을 사랑하려면 그 탄생과 죽음, 존재와 부재까지도 사랑해야 한다. 아름다움은 물론, 아름다움 이후의 허무까지도 사랑해야 한다.

가까이 피어 있는 꽃들을 그냥 지나칠 때가 많다. 이쪽에서 먼저 눈길을 주지 않을 때에도 꽃들은 향기로 말을 걸어온다. 향기로 건네오는 꽃들에게는 저절로 다가서게 된다. 사람도 그 인품만큼의 향기를 풍긴다. 현란하지 않고 고요한 향기를 지닌 사람에게는 저절로 끌리게 마련이다. 사람도 꽃처럼 향기를 전해줄 수 있다면 세상은 얼마나 향기로울까.

언제부턴가 화려한 꽃보다는 지긋한 향기를 머금은 작은 들꽃에 더 애정이 갔다. 화려한 사람보다 들꽃같이 은은한 사람이 더없이 좋아졌다. 마땅치 않은 일을 했어도 손을 따뜻이 잡아주는 사람, 깊은 심연에서 맑은 샘물을 건져 올려 갈증을 채워주는 사람, 병상에 누워 있을 때에도 밤새 나를 지켜보며 눈물짓고 있는 사람…. 그런 사람은 길거리에서 바람에 흩날리면서도 제 모습을 잃지 않는 들꽃과 같은 사람이다.

사랑이란 마음에 꽃 한 송이 키우는 일과 같다. 사랑은 가슴을 여는 일이다. 깊은 사랑은 시간이 흘러도 아름다운 자태가 퇴색되지 않는다. 가슴이 열리고 사랑 충만한 곳에서는 꽃이 활짝 피어난다. 꽃이 피어나지 않으면 그 땅은 사랑과 생명의 땅이 아니다. 사랑의 땅은 시들고 마르는 법이 없다.

이 세상에 왔으니 언젠가는 가야 하고 머무르는 시간 또한 길지 않다. 인간답게 사랑하며 사는 게 얼마나 아름답고 소중한 일인가를 저 꽃들은 보여주고 있다.

이삿짐을 정리하며

 이십여 년 동안 살던 집을 정리했다. 집안 곳곳에 숨어 있던 물건들은 오랫동안 고래의 뱃속에 갇혀 있다 한꺼번에 쏟아져 나오는 듯하다. 어딘가에 묵혀 있다 얼굴을 내밀며 나오는 물건들은 내 인생의 케케묵은 찌꺼기가 얼마나 잡다한지를 잘 보여주고 있다.
 그동안 일상처럼 자명해 보이던 사물들을 통해 새삼 내 삶의 욕망과 허위를 보게 된다. 익숙한 공간과 물건들은 저마다 의미를 지니며 자신의 자리를 당당하게 차지하고 있었다. 일상적인 삶이란 누군가에 의해 만들어진 유형의 모습을 답습하기보다 그에서 탈피하여 새 국면으로 나아가고 싶은 욕망이다. 짐을 정리하다 보면 일상적인 찌꺼기를 털어내는 듯하여 재창조에 대한 의욕이 솟아난다.

삶을 위한 도구들은 곳곳에 넘칠 정도로 많다. 하루하루 먹고사는 데 필요한 도구들이 부엌에 가득하다. 옹기종기 모여 있는 도구들이 만들어낸 음식으로 내 '육체'와 '영혼'이 존재할 수 있었다. 육체가 없는 영혼이 존재할 수 없듯, 영혼이 없는 육체도 존재할 수 없다. 음식이 몸을 통해 흡수되는 물질이라면, 물질은 내 몸과 영혼을 이룬다. 오늘도 나는 음식물을 통해 세상과 교류한다.

 냉장고에는 음식물이 넘쳐나고 있다. 지구의 한편에서는 먹을 식재료가 부족해 죽어가고 있지만 다른 한편에서는 음식물이 썩어가고 있다. 아무리 호화로운 도시일지라도 식사를 제대로 공급받지 못하면 무정부 상태가 된다. 한 도시를 마비시키는 방법은 간단하다. 냉장고 전원을 모두 꺼버린다면, 그 어떤 테러보다 '강력하고 빠르게' 도시는 금세 무너질지 모른다. 우리는 너무나도 익숙하게 냉장고에 길들여 있다. 인류가 프로메테우스로부터 불을 얻어 맘껏 사용하더니 언제부턴가 차가움을 갈망하기 시작했다. 이제 우리의 삶에서 냉장고는 없어서는 안될 중요한 도구가 되어 있다.

 인간의 영원한 숙명은 생존을 위해 음식을 섭취해야 한다. 아침저녁으로 냉장고의 문을 여닫는다. 만약 냉장고가 없다면 오죽 불편할까. 냉장고에는 비옥한 땅과 풍요로운 바다를 가진 사람만이 누릴 수 있는 음식물로 가득하다. 머나먼 곳에서 아침에 생산된 물건들이 저녁에는 냉장고 속으로 들어와 세상과 나의 관계를 더욱 깊게 만들어주고 있다.

 부엌에 있는 수많은 도구는 모두 중요하다. 그릇도 그중 하나다. 사람에게는 혀가 있지만, 그릇엔 혀가 없다. 그릇은 항상 이타적으로만 존재한다. 온몸으로 자신을 바칠 뿐 한 숟갈로도 허기를 스스로 달래지 못한다. 사람들은 그릇을 이용만 할 뿐 그 존재 가치를 생각하지 못한다. 사람들의 이기주의와 그릇의 이타주의 사이엔 늘 은하수가 흐른다.

 내가 사용하는 도구들은 내 몸의 연장이다. 주방에 여럿 있는 칼은 사람들을 위한 유용한 도구다. 칼에 의탁해 사는 사람의 마음에는 행복과 불행이 함께 있다. 오늘도 주방에서 음식을 만들기 위해 칼에 의존해야 하는 내 모습은 고달프지만 행복하다. 칼은 사람을 살리면서도 죽인다. 요즘 벌어지는 끔찍한 사회현상을 보면 칼을 만지기 싫어진다. 주방의 칼을 몽땅 버리고 싶다는 생각을 한 적도 있다. 동서고금을 막론하고 저 시퍼런 칼날이 얼마나 잔혹하게 사용되었던가.

 주방에서 가장 많이 사용하던 물건 중 또 다른 하나는 오븐이다. 오븐은 한 몸에 다양한 종류의 음식물을 담아 조리해준다. 오븐은 냉동식품을 데워주기도 하고, 생기 없는 식재료를 생생하게 만들어 무에서 유를 창조한다. 밀가루와 이스트를 섞어 넣어두면 먹음직스러운 빵이 되어 나온다. 아무것도 없는 상태에서 뭔가를 만들어낸다는 건 엄청난 일이다.

 사나운 파도가 넘실대는 바다같이 모든 걸 뜨거운 불길로 사로잡는 오븐. 뭔가를 만들어내기 위해 온갖 원소들은 서로 바라보면서 부딪힌다. 물과 불, 음과 양이 서로를 받아들인다. 마침내 무한한 허무가 한 알의 보석으로 응집되고, 어두운 밤 한가운데 한 줄기 빛이 되어 반짝거린다. 그 빛은 어느 순간, 찬란한 생명체로 탄생한다.

오븐 속에서 뜨거운 물건을 끄집어낼 때, 얼굴에 밀려오는 열기가 싫지 않다. 제 속에 담겼던 열정을 거침없이 쏟아내는 뜨거운 에로티시즘의 순간에 내 몸은 떨려온다. 인간이든 사물이든 모든 생명의 절정은 위대하다. 하지만 그 절정은 허무하다. 세계란 불가해한 구심점, 현실은 꿈과 같고 생명은 소멸하기 때문 아닐까.

장롱에 가득 찬 옷들은 사치와 욕망의 잔해들이다. 옷장을 보면 늘 뭔가를 넣고 싶고 뭔가를 꺼내고 싶다. 옷장은 옷이 빠져나올 때 허전해하고, 옷을 넣을 때 만족해한다. 옷장은 이 옷 저 옷을 위해 열리고 닫히기를 반복한다. 나의 하찮은 과시욕을 위해 걸치고 다녔던 옷들이 지금 옷장 안에서 잠자고 있다. 에덴동산 이후로 인간은 옷을 입지 않고는 존재할 수 없게 되었다. 세상 곳곳에서는 아름다운 옷을 입은 사람들이 어딘가로 흘러가고 있다.

누군가 갖고 싶은 옷을 하나 말하라고 한다면, 예쁜 자수를 놓은 비단옷이라고 거침없이 대답하겠다. 손녀 첼시가 초등학교에 입학하면 내가 만든 비단옷을 입히고 싶다. 첼시를 위해 며칠 밤을 새워서라도 비단에 한 땀 한 땀 자수를 놓아 아름다운 드레스를 만들어 줘야지. 첼시가 얼마나 좋아할지 가슴이 벌써 두근거린다.

언젠가 인도에서 본 여인을 잊을 수 없다. 바람에 흩날리는 비단 사리 옷을 입고 먼 길을 떠나는 그녀의 모습이 얼마나 신비롭고 멋스럽던지. 그녀와 나 사이에서는 커튼이 펄럭이고 있었다.

가끔은 해가 중천에 떠오르도록 침대에 누워 창밖의 세상과 창안의 세상을 바라본다. 그 사이에는 커튼이 장막을 이루고 있다. 커튼을 바라보고 있으면 많은 생각이 떠오른다. 창안의 세상과 창밖의 세상을 구분 짓는 커튼은 멈춰 있는 듯 보이지만 끊임없이 움직이면서 이 세상과 저 세상을 연결한다. 그 움직임들은 창안에서 존재하는 삶의 공간과 시간에 대해 생각하게 하고, 창 너머의 세상에 대해 상상하게 만든다. 창과 커튼을 통해 어떠한 삶을 살아가야 할 것인가에 대해 생각해 보게 된다.

커튼은 온몸으로 빛을 가득 안고 있다가 어느 순간 자연스럽게 들여보내 준다. 커튼은 빛과 어둠을 동시에 안고 있다. 벽이 될 수도 있지만, 벽을 치고 세상을 거부하는 게 아니라 자신과 다른 존재를 자연스럽게 받아들여 주겠다는 의지를 보여주기도 한다. 경계를 두고 타자를 거부하는 방식이 아니라, 포용으로 이곳과 저곳을 일정한 거리를 유지하며 연결한다.

커튼의 이런 모습은 내 삶의 방식이 어떠해야 할지를 일깨워주고 있다.

저녁이면 오랜 시간을 보내는 곳이 욕실이다. 욕실에서 몸에 비누 거품을 내다 거울에 비친 내 모습을 바라본다. 무심코 들여다본 거울 속에는 뭉게구름 속에 비치는 흐릿한 모습이 나를 바라보고 있다. 거울이 내 몸 구석구석을 들여다보지만, 좀체 내 실체는 보이지 않는다. 거울은 아무리 애를 써도 나를 찾지 못한다.

허리를 구부려도 어깨를 젖혀 봐도 손길이 닿지 않는 그곳에서 출구를 찾지 못한 짐승 한 마리가 오롯이 살고 있다. 그 짐승은 불쑥불쑥 나타나 괴롭히다 사라지곤 한다. 그것은 아무도 달래줄 수 없는 쓸쓸함과 외로움 혹은 아쉬움의 편린이다. 고독은 누군가와 살을 맞댐으로써 치유될 수 있는 병이 아니었다. 고독은 오직 '혼자 있음'으로써 연소시킬 수 있는 능동적 행위다.

나는 만남에 서툴다. 사물을 보는 방식도, 대상에 대한 이해와 표현 방식도 모자라다. 보고 싶은 현상만 보려 하고, 보기 싫은 현실은 보지 않으려 한다. 그동안 살아오면서 내 눈으로만 세상을 보려 하고, 타인의 눈으로 세상을 보려 하지 않았다. 사물은 언제나 제자리에 있는 대로 존재하지만, 그들을 전체와의 조화 속에서 바라보고 이해하지 못했다.

편견과 아집으로 흐려진 눈이 바라보는 사물들은 진정 내

실체가 아니다. 그렇게 손에 들어온 사물은 아무런 말도 건네지 않았다. 그런 사물들과 교감도 없이 그저 껍데기만 안고 수십 년을 함께 살아온 셈이다.

이사하기 위해 끄집어 내놓은 엄청난 물건들을 어찌할까. 인생살이가 많이 가졌다고 행복해지지 않는다고 배웠지만, 그동안 크고 작은 물건들을 저렇게나 모아왔다는 사실이 놀라울 따름이다. 집안 곳곳에서 쏟아져 나오는 물건들을 바라보고 있으니 지난 일들이 희미한 등불 같은 회한으로 남는다.

어차피 인생이란 기쁨과 슬픔, 고통과 희열이 동반되면서 지상에서 천국으로 이사하는 기나긴 여정이 아니던가. 언젠가는 내가 맞이하게 될 죽음도 지상에서의 마지막 고통이 아니라, 삶의 터전을 천국으로 옮기기 위해 이삿짐부터 정리하는 작업일 터. 우리네 삶은 현재 진행형의 치열한 과정일 수밖에 없다. 현재를 열심히 살아가다 보면 의미 있는 마무리를 할 수 있을까.

해묵은 옛것들을 뒤적이며 피어오르는 회상과 더불어 이 밤의 시간도 흘러간다. 하루하루가 간다는 절박함, 그리하여 언젠가는 떠나는 날이 온다는 사실, 그러한 시간의 흐름 속에서 우리는 다시 어딘가로 가야 한다. 이 밤이 지나면 저 케케묵은 이삿짐을 싣고 떠나야 하지만, 이 세상 하직할 때 내가 가지고 갈 수 있는 물건이 있을까.

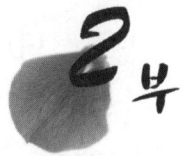

2부

나비와 어머니
내 삶의 아름다운 변주
죽음 느끼다
항아리
손녀의 꽃반지
빛과 그림자
노을에 물들다
호접몽
내 안에 살아 있는 당신
나잇값
아들아

나비와 어머니

 숲길을 걷다 보니 온통 꽃들이 잔치를 벌이고 있다. 매미들은 짝짓기 상대를 구하려고 힘찬 목소리로 뽐내고, 새들도 고운 목소리로 노래한다. 야생화 또한 개성껏 맵시를 부리며 피어 있고 잡초들도 당당하게 자리를 지키고 있다. 숲은 언제나 평화로움을 가져다준다.
 참으로 행복한 시간은 도시 속에서가 아니라 자연 속에 머물러 있을 때다. 자연에 있으면 자신을 돌아볼 수 있는 명상 시간을 가질 수 있어 좋다.
 나비 한 마리가 살포시 날아와 내 손등에 내려앉는다. 아는 체하자 놀랐는지 봉숭아꽃에 사뿐히 앉았는데 꽃과 어우러진 자태가 참 곱다. 봉숭아꽃으로 손톱에 물을 들이던 어머니가 생각난다. 어머니는 갸름한 얼굴에 콧날이 오똑하고 외꺼풀진 눈이었다. 한복을 차려입고 학교에 어쩌다 나타나면 다들 눈이 휘둥그레질 정도로 기품 있었다.

그러던 어머니가 언젠가부터 잔주름이 늘어갔다. 자식 둘을 저세상으로 보내면서 속이 빠짝빠짝 타들어 갔으리라. 하얀 얼굴이 온데간데없이 사라져버렸다. 구름 속에 숨은 하얀 낮달은 어머니의 고왔던 얼굴을 기억하려나.

힘든 세월을 살아오면서도 어머니가 눈물 흘리는 모습을 본 적이 없다. 그러던 어머니는 우리 몰래 위장병을 앓고 있었다. 아마 그때쯤부터 내 손톱에서도 어머니 손톱에서도 봉숭아물이 사라진 듯하다. 지독한 위장병은 들쥐 송곳니처럼 어머니의 위장을 사정없이 갉아먹기 시작했다. 결국 어머니는 환갑을 눈앞에 둔 채 떠나고 말았다.

지난봄, 어머니 산소에 성묘할 때 나비 한 마리가 계속 주위를 맴돌았다. 나비가 어머니의 혼이 되어 찾아온 듯했다. 나비는 좀처럼 우리 곁을 떠나지 않았다. '어머니 이리 오셔요' 하니 앉았다 날았다를 반복한다. 가슴이 미어지면서 눈물이 앞을 가렸다.

세월이 흐를수록 어머니는 지워진 꽃 그림처럼 안타까운 모습으로 남아 있다. 사라져 간 꽃향기는 바람처럼 흘러가버렸지만, 어머니는 그리움이 되어 언제나 그 자리에 그냥 있다. 그리움은 밤의 안락과 고요 속으로 빠져드는 순간과 같다. 밤이 되면 소소한 기쁨과 슬픔이 뼛속 마다마디에 스며든다.

내 이야기를 귀담아듣고 보듬어 안아 주는 어머니의 품은 이제 없다. 우리에게서 별이 자꾸 사라져 가듯 나비도 우리 곁을 떠나고 있다. 나비는 세상의 소음을 피해 혼돈으로부터 은둔하고자 한다. 그러면서도 만물의 전령사가 되어 이 꽃 저 꽃에 수분受粉을 나누어준다.

멀리 한라산에 노을이 지고 있다. 해가 지고 나면 한라산 자락에는 평화와 고요가 찾아올 것이다. 멀리 개 짖는 소리와 함께 어두운 밤하늘의 별은 더 찬란하게 빛나리라. 어두운 길 위에서 서성이던 나비 등에는 시린 초승달이 새파랗게 걸릴 것이다.

온몸을 부르르 떨던 나비가 어디론가 떠날 채비를 한다. 나비를 급히 뒤따라 나섰다. 잠시 멈칫하던 나비는 뒤도 돌아보지 않고 훨훨 저 멀리 날아가고 말았다. 한라산 그림자는 나비와 그 뒤를 쫓아가는 우리를 물들이고 있다. 우리는 어머니의 산소를 자꾸자꾸 뒤돌아보며 내려왔다.

내 삶의 아름다운 변주

 수필과 인연해 6년. 어쩌다 문단에 얼굴을 내밀었을까.
 글쓰기에 관심이 없었다면 거짓말이겠지만, 문학은 오랜 시간을 두고 미적거릴 수밖에 없었다. 왜 혼자 그 고독한 길을 가야 하나. 바람에 휘청거리는 들녘을 지나 명확치도 않은 곳에서 왜 헤매며 찾아가야 하나. 그러면서 어수룩하게 시간만 흘렀다.
 이상한 일이다. 지천명을 바라보는 나이에 다다라서야 또 다른 나를 만났다. 문학 동네라는 마을에서 서성거리고 있었다. 내가 걸어가야 할 길이라 했다. 보이지 않는 손에 이끌리듯 자꾸만 그리로 끌려갔다.
 자신을 들여다본다. 내게 무슨 글쓰기 재능이 있는가. 재능은 관두더라도 어떤 빛깔을 지닌 나만의 언어가 있기는 한가.

저 격랑의 바다를 헤쳐 나갈, 긴긴 어둠의 시간을 견뎌낼 재간이라도 있는가.

새벽 산책길 빗속에서도 수필이 내리고, 황량한 들판에서도 수필이 나부낀다. 해거름의 수필은 밤으로 이어지고, 밤은 밤대로 낮은 낮대로 함께한다. 수필은 어느새 내 안 깊숙이 들어와 한자리 차지했다. 자연 속에, 이웃과의 정담에, 어느 저자의 모퉁이에, 책의 행간에….

작품이 좋든 좋지 않든 끊을 수가 없다. 천연덕스럽다. 지금도 세상 속으로 가까이 날아오르기 위해 파닥이고 있다. 오만에 빠지면 날지 못함을 알기에 낮아져야 한다고 독백한다. 실로폰 소리가 굴러가듯 맑고 부드러운 선율이 꼼짝없이 에워싸고 있다. 부드럽지만 때로는 힘차게, 때로는 폭풍의 바다에 이는 너울처럼 이어지는 아름다운 성부聲部 속 지속 저음.

내게 수필은 그렇게 구르고 흐르며 걷는 길이다. 급하더라도 한가롭게 가고 싶은 도보 여행 같은 길이 내 앞에 누워 있다. 들꽃이 피어나는 기척에 눈을 주게 된다. 소중한 전율이다. 늦게야 곳곳에서 발견한 화성和聲과 신비로움에 눈이 뜨였다.

이제 나를 휘감는 아름다운 화음에다 변주의 빛깔을 칠하리라. 늘 반복해 온 단조로운 소리에 뭔가를 더 그려 넣으리라. 변주의 음악을 차츰 만들어 가리라. 섬세함과 달콤함이 녹아든 아름다움의 무한한 변주. 아리아 같은, 아니면 조금 격렬한 재즈 같은….

실로 뜨고 감치고 호며 정성들여 수繡를 새겨 놓으면 볼수록 아름다움이 묻어난다. 감히 꿈을 꿔 본다, 아름답게 수놓을 꿈을. 가직이 세워놓은 인생의 풍경에다 영혼 깊숙이에서 우러나온 삶의 진솔한 얘기를 담아내고 싶다.

숲을 좋아한다. 가라앉은 적요 속에 햇살이 흘러들고 새의 날갯짓이 있는 숲을. 내 안에 숲이 무성해지는 날, 숲의 무대에 올려 연주하게 될 악기들을 갖추고 있다.

준비해야지, 영혼의 숲가에 내릴 내 삶의 아름다운 변주를.

죽음 느끼다

 유월, 뜻하지 않은 세찬 바람과 장대비가 퍼붓던 날이다. 선배네 조문을 갔더니 웃고 있는 영정 속의 망인이 생전의 시아버님 모습과 닮아 있다. 재작년 가을, 시아버님 장례식 날에도 오늘처럼 비가 거세게 쏟아졌다.

 시아버님은 운명하기 넉 달 전부터 몸을 가누지 못한 채 눈빛도 흐려갔다. 다량의 진통제를 투여해도 소용없어 다들 안절부절, 기진맥진했다. 용하다는 침술의鍼術醫도 병원 측 몰래 다녀갔지만 노환이라며 특별한 병명은 알 수 없단다.

 임종 한 달 전부터는 통증이 많이 가라앉았으나 숨이 잦고 가팔라졌다. 그러다 열흘 남짓은 평안한 모습으로 잠에 빠져드는 나날이 계속되었다. 죽음 앞에서 통증을 잊게 하는 잠은 아마도 신이 내린 선물이리라.

죽음을 가까이 두면 두려움에 떨 듯하지만 오히려 안온함에 휩싸인다. 몇 년 전에 비슷한 경험을 한 적 있다. 대학병원 수술대 위에 뉘어졌는데 달그락거리는 금속성 소리를 들으면서도 마음은 편안했다. 마치 세상 인연과 단절된 듯 어떤 고민도, 공포감도 오지 않았다. 전쟁터에서 수족이 잘려나가도 무통의 아늑함에 빠져든다잖은가. 신神은 순간의 고통을 덜어주려고 엔도르핀을 솟게 하는 모양이다.

내 질병은 우연한 기회에 발견됐다. 친정아버지가 입원한 서울○○종합병원에서다. 아버지의 권유로 검진을 받던 중, 림프 쪽에서 적신호가 감지됐다. 그때부터 이틀간 세부 촬영에 들어갔는데 검진 결과 기형 림프가 맞았다. 의사의 표정이 사뭇 진지하다. 수술하는 길을 택할까요, 자연요법으로 갈까요. 잠시 망설이자, 자기 아내라면 약 처방과 함께 자연요법을 병행할 거란다.

며칠 동안 고민했다. 친정 부모와 남편 의견도 엇갈린다. 그러던 중, 특진 교수가 나타났는데 견해를 완전히 달리했다. 이런 케이스는 의당 수술해야 한다며 한사코 수술 의지를 보이지 않는가.

수술 후, 병원에서 육체도 힘들었지만 정신이 더 피폐해 갔다. 힐끔거리는 뭇 사람의 눈길 세례 때문이다. 사십 대 젊은 여자가 봉지를 주렁주렁 매달고 휠체어에 앉아 손으로 미는 모습이 오죽 처량했으랴. 더군다나 오줌주머니와 피고름 봉지,

수액 거치대까지 붙어 다녔으니까. 그때의 장면들은 기억의 자락에 생생하게 머물러 있다. 환자 처지여서 더 민감했겠지만 육체적 고통보다 더 가혹한 게 정신적 고립감이라는 걸 그때 알았다.

삼 주가 지났을 무렵, 부득이 3월 1일에는 도망치다시피 퇴원해서 빠져나와야 했다. 최소 2개월은 입원해야 한다는 경고를 무시한 채로 말이다. 잘못되면 다리를 절단해야 할지 모른다는 소리가 귀에 쟁쟁했지만 다른 방도가 없었다. 하필이면 그런 상황에서 다른 학교로 발령났기 때문이다. 내신을 내지도 않았는데 뜬금없이 발령이 나다니! 알고 보니 연유가 있었다. 휴대폰이 없던 시절이라 연락이 닿지 않아 학교에서 서둘러 내신을 내줬기 때문이다. 당사자 동의 없이 내신을 낸 까닭은 이렇다.

1997년, 초등 영어가 정규 교과로 도입되면서 제주교대부설초등학교에서 급히 영어 전공 교사를 구하는 공고가 뜬다. 바로 직전 해에는 과목별 '열린교실 수업대회'가 있었다. 중등 영어 교사 자격증이 있다는 이유로 학교장 강압에 못 이겨 영어 수업대회에 나갔는데 일등상을 받는다. 수업 장면 비디오 촬영분이 전 초등학교에 보급되었음은 물론이다. 그 바람에 갑자기 급부상하여 아이돌 못지않은 스타 반열에 오른다. 허울 좋은 스타면 뭐하나, 공개 수업을 열두 번씩이나 치르면서 기력은 바닥이 났으니 말이다.

산 넘어 산이라고 그런 처지에 이번엔 도교육청의 회유로 대공개 수업을 하게 된다. 몰려드는 장학진과 교원들로 인산인해를 이뤄, 복도 유리창까지 떼 내고 탁자까지 동원되었다. 그날 참관하던 교사가 다치는 작은 사고가 있었고, 그 바람에 다음번에 또 대강당에서 수업한다. 초등 영어 수업 방법을 몰라 우왕좌왕할 때라 가뭄에 단비처럼 해갈에 큰 도움이 되었으리라 자부한다.

부임 첫 날, 총장한테 인사해야 한다기에 교무부장을 따라 나섰다. 초등학교와 대학교 거리는 이백 미터 남짓인데 세 번이나 쉬어야 했다.

점심시간, 급식실 한쪽에서 귀에 거슬리는 소리가 들렸다. 몸도 성치 않으면서 왜 국립학교엔 왔을까, 교생 지도 학교라 기간제 교사도 둘 수 없는 형편인데…. 이런 소리를 들은 이상 이를 악물고 다닐 수밖에 없었다. 집에 들어서기 무섭게 녹초가 되어 쓰러지고 남편은 사표 내라고 성화였지만, 그런 처지라 더더욱 불명예 꼬리표를 달고 싶지 않았다.

기력이 없던 3월 중순, 결국 재입원한다. 셋째 날, 학부모 몇이 병문안을 와서 언제 출근할 수 있을지 궁금해 했다. 그들의 몰풍스러움에 정나미가 떨어져 사표를 내버릴까 갈등한다. 의사의 경고가 머릿속을 맴돌았다. 혈액순환 장애를 일으키면 다리를 절단할 수 있습니다.

한편으론 오기가 솟구쳤다. 학교에 나가서 보란 듯이 지내고 싶었다. 혈액순환을 위해 중단했던 독일제 고탄력 압박 스타킹을 다시 꺼냈다. 발목에서 펌프질로 혈액을 끌어올리는 초강도 기능 스타킹이다. 한번 착용하려면 오 분 이상 끙끙거리며 아픈 다리에 허벅지까지 끌어올려야 한다. 깁스한 다리 같아 어쩔 수 없이 바지만 입고 다녔다.

그로부터 십여 년이 지나고 일 년 사이에 세 분의 죽음과 마주했다. 시부모님과 친정아버지다. 주검의 싸늘한 촉수에 흠칫하면서 공포의 극한에도 서 봤다. 허무주의의 색채를 띤 운명론에 한동안 사로잡혀 있기도 했다. 삶이란 본디 죽음을 향해 나아가는 길 아니던가.

요즘, 내 또래 지인이 갑작스레 세상을 떴다. 죽음이 가까이 있음을 새삼 실감한다.

항아리

 담장 없는 시골집을 엿본다. 안마당에 물기를 머금은 항아리가 옹기종기 서 있다. 안개가 자욱이 낀 날이라 신비롭기까지 하다. 멀리서 보면 그 옛날 궁정에서 간택을 기다리는 홍조 띤 소녀들 같다.

 항아리는 다양한 멋을 지니고 있다. 위엄이 있는가 하면, 질박質朴한 아름다움이 있다. 항아리에는 유가儒家에서 강조하는 아름다움을 선함으로 보고, 남에게 줄 수 있는 넉넉한 마음이 담겨 있다. 또한 항아리에는 도가道家에서 강조하는 무위자연의 섭리 같은 소박한 아름다움을 지니고 있다. 이런 품성은 제작 과정의 치열함 때문이 아닐까.

 항아리의 제작은 도예가 혼자만의 노력으로 이뤄지지 않는다. 흙과 불과 신神의 조화로 이뤄진다. 항아리는 불가마 속에 들어가는 흙과 그것을 소성하는 불과 이를 돌보는 신의 합작품이다. 신의 보살핌이 있어야 성공할 수 있다. 신의 보살핌을 받으려면 피나는 노력과 정성이 필수 요건이다. 우선 좋은 흙을 찾아야 하고, 흙과 궁합이 맞는 유약을 선정해야 한다. 이런 준비를 위해서는 천 리 길도 마다하지 말아야 하며 끈기가 필요하다.

고통과 인고의 시간을 견뎌 태어난 항아리는 뽐내지도 으스대지도 않는다. 정겨운 가운데서도 의연함을 잃지 않는 기운이 항아리의 매력이다. 진중함 속에 담긴 다양한 모습과 색채야말로 공예의 극치다. 항아리에는 어느 공간에 두어도 화합이 가능한 친숙함이 있다. 뜨거운 불길 속에서 수많은 번뇌와 고통을 거친 항아리에는 아픔을 감싸주는 어머니의 지극한 성품이 서려 있다.

집안에 있는 하나하나 어머니의 손길이 닿지 않은 물건이 없다. 어머니는 무엇보다 항아리를 소중히 여겼다. 틈만 나면 항아리를 갈고 닦아 반질반질 광택이 났다. 어머니는 살림에 중요한 물건들을 모두 항아리에 담았다. 항아리에 술을 담으면 술 단지가 되고, 간장을 담으면 간장 단지가 되고, 김치를 담으면 김치 단지가 되었다.

내 인생의 항아리에는 무엇을 담았을까. 내 항아리는 한없이 모자라고 허전하다. 뭔가로 채우고 싶었지만 허울과 쭉정이만 남아 있다. 빛 좋은 개살구이다. 나를 아는 사람들은 '수필가'라고 부른다. 지금껏 흡족할 만한 글은 쓰지 못했다. 글을 서둘러 보내고 나서 후회한 적이 한두 번 아니다. 좋은 항아리가 만들어지기 위해서는 흙과 불의 다스림이 중요했다. 내가 빚어낸 항아리는 언제나 볼품없었다. 어머니의 소중한 항아리 같은 수필 단지를 언제쯤 볼 수 있을까.

수필 단지에 채울만한 작품이 없기에 허기 같은 공허감이 밀려온다. 언제쯤이면 잘 빚어낸 작품이 단지에 담겨질 수 있을까. 좋은 수필을 쓰고자 욕심을 내면 어느새 감성은 북어처럼 메말라 버린다. 주제는 갈팡질팡하고 문체는 윤기를 잃는다. 박제된 영혼은 허공에서 맴돌기 일쑤다. 물 한 모금을 찾아 천 길 사막을 걸어야 하는 낙타가 눈앞에 어른거린다.

손녀의 꽃반지

 큰딸이 멜버른 병원에서 아기를 조기 출산했다는 소식이 왔다. 급하게 호주 항공권을 끊고 단숨에 달려가는 중이다. 산후조리원이 없는 나라이기에 마음이 더없이 바쁘다. 병원 측도 야속스럽다. 산모를 하룻밤만이라도 입원해 있게 해야지 당일치기로 내보내다니. 미역국을 끓여줄 어른이 아무도 없기에 더 종종거려진다.
 열다섯 시간 걸려 딸의 집에 도착해 산모와 갓난이부터 찾았다. 아기를 보는 순간 나도 모르게 "캠런을 닮지 않고…" 했더니 딸이 해쓱한 얼굴로 눈을 흘긴다. 동양인과 서양인이 합쳐지면 어딘가 신비로운 구석이 있고 이목구비도 또렷할 줄 알았는데 동양에 가깝다. 기대치가 너무 높았나 보다.
 포대기 속에서 옴지락거리는 아기의 구석구석을 살핀다. 한 생명의 탄생이 경이롭다. 평화롭게 잠든 천사 얼굴을 찬찬히 내려다본다. 보면서, 한 생명의 탄생은 얼마나 경이로운가를 생각해 본다. 지구가 생성됐을 때부터 생명이 자리 잡고 사라지던 그 아득한 세월 속에 생명은 날마다 태어나 숨 쉬고 있었던 게 아닌가.

딸은 결혼한 후에 출산을 한참 미뤘다. 아기를 가지려면 몸과 마음이 평안해야 하니 기반부터 잡아야 하고 어쩌고 저쩌고…. 그러다 결국 오 년 만에 아기를 출산했다. 성공한 자든 아니든 한 인생을 산다는 건 축복받을 일이다. 사회적으로 성공한 인생이라고 반드시 행복할까.

"이건 내가 바라던 삶이 아니야, 더 높은 곳으로 올라가야 해."

사람들은 진정 가치 있는 삶이 무엇인가는 돌아보려 하지 않는다. 많은 시간을 쓸데없는 일에 쏟아 부으면서도 정작 영혼을 풍요롭게 하는 일에는 관심이 없다.

사십여 년을 눈앞에 떨어진 일에 급급하면서 일개미처럼 살았다. 어느 철학자가 '때로는 인생에서 자신과 멀어지는 방법을 배워야 한다.'고 했던데 동감한다. 외로움과 함께 먼 길을 떠나 봐야 진정한 자신의 모습을 볼 수 있다. 인생은 끝없는 채움과 비움의 연속이 아닐까. 손녀는 자라면서 뭘 채우고 비우며 살아갈까.

아기를 가만히 들여다본다. 한없이 사랑스럽다. 할머니로서

채워줄 수 있는 게 뭐가 있을까. 먼 나라에 떨어져 있어 한계를 느낀다. 여기 온 지 두어 달이 훌쩍 지났다. 얼마 없으면 한국으로 돌아가야 한다. 첫 손녀에게 무얼 남기고 갈까.

사위와 나무 시장을 둘러보다 귤나무에 눈이 꽂힌다. 사위 키만 한 귤나무 두 그루 사서 햇볕이 잘 드는 정원 한쪽에 정성스레 심었다. 손녀 첼시가 저 나무처럼 튼실하게 자라길 기원한다. 첼시가 있는 곳에는 언제나 사랑과 평화가 넘쳐났으면 좋겠다.

이제 떠날 날이 열흘 남짓 남았다. 하루하루가 아쉽다. 저녁나절에 유모차를 끌고 산책하러 공원으로 갔다. 토끼풀꽃이 지천이다. 어린 시절 친구들과 꽃반지를 만들어 놀던 생각이 났다.

꽃반지를 만들어 보들보들한 손가락에 끼운다. 잠시 꼼지락거리다 방긋거린다. 꽃반지 끼고 뛰어다니던 때가 엊그제 같은데 어느새 할머니가 되었다. 내가 끼고 행복한 꿈을 꾸던 꽃반지는 지금 손녀의 손에 끼워졌다. 꽃반지는 다음 세대에도 끼워질 것이다. 아이는 또 다른 아이를 낳고 그 아이는 또, 또 다른 아이를 낳고….

아가야, 너는 참으로 소중한 의미를 가져다 줬다. 우리 사이를 이어줄 견고한 끈이 생겼다는 사실만으로도 가슴이 벅차오르는구나. 언젠가는 헤어져야 할 우리지만 아름다운 추억으로 남았으면 하는 바람이다.

남은 생 다하는 날까지 힘이 되어줄게. 네가 새라면 할머니는 하늘이 되어 주고, 네가 나무라면 숲이 되어 주마. 한겨울의 눈 덮인 강 아래서 조용히 흐르는 물처럼 내게 오렴. 천년 나무에 앉아 연둣빛 산새의 노래를 부르며 내게 오렴. 진달래 꽃망울처럼 예쁜 그리움을 터뜨리며 오렴.

손녀를 향한 그리움이 벌써 내 눈을 적시고 있다. 비행기 차창 밖으로 앙증맞은 손녀의 진주 빛깔 꽃반지가 자꾸 아른거린다.

빛과 그림자

 대부분의 직장인들은 시간에 쫓겨 허둥댄다. 여유 없음이 표정에 새겨지니 오해받기 일쑤다. 동양인끼리 있을 때는 잘 느끼지 못하는데 서양인 눈에는 이상하게 비치는 모양이다. 무표정으로 있으면 외국인한테서 "화났냐?"는 말을 들을 때가 있다. 처음엔 황색인종과 백색인종의 안형顔形 때문일 수 있다고 생각했는데 아니었다. 그들의 미소는 하루아침에 만들어진 게 아니었다.
 이천 년대 초반, 호주를 방문한 적 있다. 큰딸이 홈스테이 기숙으로 그곳 고등학교에 다니고 있어서다. 호젓한 마을에 한 달 가까이 머물면서 문화 충격이 어지간했다. 내가 묵었던 곳은 너른 호수와 잔디가 펼쳐진, 공기마저 초록으로 물들어버린 듯한 마을이었다. 지형도 굽이굽이 아름답다. 마을을 조성

할 때 숲은 고스란히 살리고 구릉도 깎지 않아서 그렇단다. 마을 전경에 반하지 않을 수 없었다. 창을 열면 숲 사이로 오솔길이 들어와 마을 전체가 우리 집 정원이 되어 주니 말이다. 그 전경뿐 아니라 호주 남편들에게도 반한다.

주말에 다섯 가정이 나지막한 산에 올랐다. 그곳에서 점심을 준비하는데 아내들은 담소만 나눌 뿐, 조리에는 관심이 없어 보인다. 반면에 남편들은 음식 재료를 꺼내 썰고 익히며 부산하다. 참, 호주에는 조리대가 곳곳에 구비된 점이 우리와 다르다.

식사 풍속도 다르긴 매한가지. 여자들은 한가롭게 식사를 즐기고 남자들은 자녀부터 챙긴다. 식사 뒤, 음식 쓰레기가 거의 나오지 않았고 어쩌다 나오면 모두 제 가방에 담고 있었다.

남자들은 조리할 때 쓰던 철판을 광나게 닦고 있다. 가스 잠금 장치도 몇 번씩 확인한다. 그들은 또한 물 한 방울도 어찌나 아끼는지 놀라웠다. 물을 펑펑 쓰면 언젠가는 고갈되어 후손들이 재앙을 맞을지 모른다는 염려에서다. 설거지를 할 때는 끼어들어 함께했는데 물이 감질나게 졸졸 나와서 혼쭐났다. 더군다나 세제도 없이 맹물로만 씻으려니 성에 차겠는가. 수도 빗물을 받아놓은 큰 물통에 꼭지만 매단 게 전부였다. 수도 파이프를 매설하기 위해 산을 파헤치지 않겠다는 의지다. 자연은 있는 그대로 빌려 쓰는 대상이란다. 더불어 사는 세상, 후대까지 행복하게 살아야 한다는 사회적 통념을 실천하고 있었다. 한마디로 인간애와 자연애가 몸에 밴 사람들이다.

사람들이 탁자에 모여들어 후식을 즐기며 얘기꽃을 피우고 있다. 오색 찬연한 새들도 가족처럼 다가와 과일을 받아먹는다. 사람들 표정이 너나없이 화사하다.

할아버지와 아이들이 저쪽 자드락에서 삭정이를 주섬주섬 모으고 있다. 모닥불을 피우려는 모양이다. 아이 서넛이 불을 피워 보려 한참이나 끙끙거린다. 우리 같으면 어른이 벌써 나섰을 텐데 느긋하게 지켜보고만 있다.

조금 뒤, 아이들이 환호한다. 불을 잘 지피고 있다. 드디어 나무 향이 아지랑이처럼 피어오르고 콧노래도 흘러나왔다. 어느새 플루트와 아코디언 선율이 넘실대기 시작한다. 물 흐르듯 이어지는 화음. 퇴직 변호사인 아버지의 아코디언에 맞춰 정신지체 토미도 떠듬떠듬 노래를 부른다. 찬사들이 여기저기서 새어나왔다. 나무 그늘 아래에서 책을 읽던 여자도 홍조를 띤 채 흥얼대고 있다. 얼마나 감미롭고 평화로운 정경이던지. 어느 하나 향기 아닌 게 없고 예술 아닌 게 없었다.

어느새 해는 설핏해지고 산그림자가 늘어지게 키를 키우고 있다. 그림자, 그림자라. 인생을 빛과 그림자로 보는 과학자의 글을 읽은 적이 있다. 그림자가 모두 같은 모습이 아니란다. 일그러진 그림자를 잔뜩 짊어진 사람과 아름다운 그림자를 지닌 사람이 있는데 당신은 어느 쪽이냐고 묻는다.

어느 날 아름다운 그림자를 보았다. 저녁 어스름에 딸과 마을을 돌고 있는데 노란 불빛에 끌렸다. 얇은 커튼이 드리워진 창 너머로 눈을 돌렸는데 남자의 실루엣이 한 자리에 고정되어 있다. 거실에 독서하는 조각상을 뒀나 보다. 그런데 조각상이 움직이는 듯했다. 뭐지?

자세히 보니, 한 남자가 스탠드 불빛 아래서 책에 파묻혀 있지 않은가. 뿌리 깊은 나무가 그렇듯, 책에 빠져든 그 그림자에서는 고즈넉함 사이로 금빛 파장 한 줄기가 새어나오고 있었다.

그들은 독서를 즐긴다. 휴양지로 떠나는 기차 안에서든 비치파라솔에서든 책이 늘 붙어 다니고 있었다. 그들의 표정은 거저 얻어진 게 아니었다. 자연에서 우러나왔거나, 여가 활용에서 왔거나, 깊은 영혼에서 나왔거나. 우리는 휴가를 받으면 황금 같은 시간이 아까워 조바심치기 마련이다. 여행을 가서도 먹거리부터 찾아다니다 허송세월을 보낸다. 하지만 그들은 자연 속에 녹아들어 한없이 느긋하다.

그들처럼 지내보려 애썼지만 쉽지 않았다. 뭔가 할 일이 있는데 잊고 있는 듯싶어 자꾸만 불안해지곤 했으니까. 여유로움에서 의미를 찾기에는 내 오감에 이미 더께가 많이 쌓였기 때문일까. 세욕世慾이 이미 내장된 내 몸속에 바쁘게 돌아가는 생체 리듬이 자리 잡고 있는지 모르겠다.

그래도 마음이 너무 찌들라치면 가끔은 그들의 낭만을 펼쳐 놓고 닮아 보려 애쓴다.

노을에 물들다

 구름 위를 날아가는 호사를 누리고 있습니다. 땅에서 칠팔천 피트나 떨어진 상공에서 와인을 주문합니다. 속눈썹이 짙은 승무원이 정성스럽게 따라주네요. 화이트와인 빛깔이 더없이 곱습니다. 무르익은 황금빛 와인을 천천히 음미해봅니다. 혀끝으로 감겨드는 맛과 향이 더할 수 없이 감미롭네요.
 이번엔 레드와인을 주문합니다. 아랍계 남자 승무원이 그윽한 눈길을 보내며 따라줍니다. 석 잔을 연거푸 마시니 온몸이 붉게 물들고 있습니다. 머리 꼭대기에서 붉은 꽃이 피어나고 있어요. 빙그르르~, 몽환에 빠져듭니다. 황금빛 양탄자 위에서 춤을 추고 있는 듯한 환상에 사로잡힙니다. 꽃을 타고 날아올라 호주와 제주 바다를 자유자재로 넘나들고 있습니다. 내 영혼은 찬란한 빛으로 채색되어갑니다.

이참에 영화나 감상해볼까 합니다. 황혼빛 호수가 펼쳐진 해안에 노부부가 다정히 걷고 있습니다. 아내를 쳐다보는 남편의 얼굴엔 애잔함이 깔려 있군요. 아내의 걸음걸이와 표정이 이상합니다. 아, 알츠하이머병이라고 하네요. 아내는 한사코 요양원에 가겠다며 우기고, 남편은 강경하게 맞섭니다.

얼마 뒤, 결국 그는 어쩔 수 없이 아내를 요양원에 보냅니다. 그리곤 매일같이 드나들며 많은 시간을 보내지요. 심지어 집에 와 있을 때조차 마음은 늘 아내와 함께합니다.

오, 이런! 그녀는 요양원에서 한 남자와 사랑에 빠지고 말았군요. 남편은 그녀의 마음을 되돌리기 위해 온갖 정성을 다합니다. 하지만 요지부동, 오로지 그 남자 생각뿐입니다. 남편은 속이 바작바작 타들어 가지만 특별한 방도가 없습니다.

어쩌면 그녀는 곧 닥칠 죽음 앞에서 정열적 사랑을 간구하지 않았을까요. 남녀 간의 사랑은 시간의 환幻에 불과할지 모르겠습니다. 언젠가는 퇴색하고 남루해져 소멸해 버리겠지요. 우리네 인생도 저녁에 사라지는 노을과 같다고 생각하니 허무해지는군요. 눈을 감아봅니다. 어디선가 손녀가 톡 튀어나옵니다. 한국에서 가져간 멸치 볶음을 먹던 손녀가 눈을 반짝이며 묻습니다.

"할머니, 물고기는 왜 죽어서도 눈 떠요? 눈꺼풀이 없어서일까요?"

헤어진 지 한나절도 채 지나지 않았는데 벌써 보고 싶어집니다. 이제 막 네 살이 된 첼시와 한 달을 갓 넘긴 리오를 위해 기도합니다. 내 마음속에서는 생명의 불꽃이 일고 있습니다.

조명등이 꺼진 기내를 둘러봅니다. 거의 잠들어 있습니다. 곤히 잠든 저 사람들이 왠지 죽은 듯 보이네요. 잠이란 게, 생애 마지막 날을 위한 연습일지도 모른다는 생각이 듭니다. 살아있음과 죽어있음의 차이는 무엇일까요.

갑자기 비행기가 요동칩니다. 잠에서 깬 사람들이 화들짝 놀라 어쩔 줄 모르고 있습니다.

"승객 여러분, 기류에 따라 비행기가 흔들리고 있으니 잠시만…."

태연함을 가장한 승무원들이 분주하게 들락거리고 있어요. 하늘에서 번쩍번쩍 섬광이 일고 있습니다. 다들 얼음이 되어 입을 꼭 다물고 있어요. 비행기가 불가항력에 의해 블랙홀로 빠져들고 있는 듯 마구 흔들립니다. 금방이라도 추락할 것 같네요. 고향을 떠나 멀고 먼 이국의 바다에 떨어져 죽게 되다니 이 무슨 날벼락이랍니까. 풍전등화 같은 하찮은 존재들이 생명줄을 꼭 붙들어 맨다 한들 무슨 소용이랍니까.

모두 눈을 뜬 채 바다를 떠다니게 되는 걸까요. 많은 걸 세상에 두고 눈을 영영 감을 순 없는 노릇입니다. 죽음이 이렇게나 순식간에 찾아오다니요. 이제 곧 숨을 거둘 텐데 어느 한 사람한테도 알릴 수 없다니요. 만약 몇 마디 남길 수 있다면 무슨 말을 할까요.

그동안 아등바등 달려왔는데 허물만 잔뜩 남기고 떠납니다. 제발 단 며칠만이라도 주어진다면 더할 나위 없겠습니다.

얼마나 시간이 지났을까요, 흔들리던 비행기가 안정권으로 접어들었는가 봅니다. 인천공항에 착륙한다는 멘트에 창문 셔터를 올렸습니다. 폰을 켜자마자 수신음이 울립니다.

"엄마, 잘 도착하셨어요? 첼시 바꿀게요."

"할머니, 한국 가니까 허리 나았어요?"

서쪽 하늘에 노을이 장엄하게 타오르고 있습니다. 저 찬란한 노을도 금세 사라지고 말겠지요. 앞으로 저 노을을 몇 해나 더 볼 수 있을까요. 문득 인생이란 누적된 해의 합이 아니라, 해를 넘기지 못할 시간의 합이 아닐까 하는 생각을 해봅니다.

바닷가에 도착했습니다. 철썩 추르르르 차르르르, 파도가 끊임없이 소리를 내고 있네요. 바람결에 손주들 향기가 묻어옵니다. 노을에 물든 바람을 타고 다시 하늘을 날아오릅니다. 금빛 노을이 끝까지 지켜주겠다는 듯, 든든한 미소를 보내고 있습니다.

호접몽

 새들이 지저귀는 소리에 잠이 깼다. 비 온 뒤의 삽상한 토요일 아침, 잡초를 뽑으러 정원으로 나왔다. 꽃나무와 풀꽃들이 더없이 싱그럽다. 감나무와 아로니아 나무 사이에 걸려 있는 거미줄에도 이슬이 맺혀 반짝인다. 정연하게 짜놓은 방사형의 은실에 매달린 물방울들이 보석처럼 빛나고 있다. 이집트 여왕의 목걸이가 제아무리 정교한들 저보다 찬란할까. 거미의 신교神巧한 세공 솜씨에 탄성이 절로 나온다. 며칠 사이에 모란 꽃봉오리가 몽글몽글해지고, 작약 꽃봉오리도 하얀 솜사탕처럼 부풀어 올랐다. 돌담 아래 수줍게 피어난 토종 수선화는 향기로 매혹하고 있다.
 어디서 꿀벌 두 마리가 날아왔다. 가까이 가 본다. 벌들 여럿이 붕붕거리며 꿀을 빨고 있다. 이놈들도 들어가 앉아 팔다리를 분주히 움직인다. 배가 볼록해진 한 마리가 부웅~ 날아오르자 다른 벌들도 우르르 몰려간다.

이번엔 나비 한 마리가 날아들었다. 검푸른 날개로 멋진 날갯짓을 하던 나비는 동백꽃 위 앉는 듯하다 금세 지나친다. 동박새의 영역을 침범하지 않으려는 저들의 질서는 어디서 오는 걸까. 명자꽃으로 날아가 앉은 나비는 좀처럼 보기 드문 제비나비다. 흑명자꽃에 검푸른 빛이 나도는 제비나비가 어우러지니 환상 궁합이 따로 없다. 어쩜 저리도 잘 어울릴까. 마치 원앙 한 쌍 같다.

몇 년 전 호주에서 치른 큰딸 결혼식이 생각난다. 숲을 배경으로 치러지던 모습이 얼마나 근사하던지. 천년의 숲에는 신성한 에너지가 넘쳐흐르고 있어 가슴이 찡했다. 우리의 마음을 울리는 풍경은 인위적인 거창함이 아니라 자연과 마주칠 때다.

나비가 내 곁에 있는 금잔화로 옮겨왔다. 나비를 바라보면서 호접몽胡蝶夢을 꾸어본다. 내가 꿈에 나비가 되었는지 나비가 내가 되었는지 알 수 없다. 가까이에서 본 제비나비의 모습은 더욱 범상치 않다. 날개 중앙에 연한 청록색과 흰색 띠가 투명하게 자리 잡아 몸속까지 투명하다. 짐을 덜어내는 방법을 알고 있다는 듯 의연하고 가볍다.

나비가 꽃잎 속의 노란 꽃술에 입맞춤한다. 파르르 떨리는 순결한 꽃잎. 일렁이던 꽃술의 파문波紋은 미세혈관으로 차츰 번져나간다. 침묵하는 모든 생명은 아름답다. 문득 요가원의 명상 장면이 떠오른다.

한동안 처져 있던 몸과 마음을 다스리려고 요가를 다시 시작했다. 요가 수행을 하다 보면 세상을 바라보는 눈이 유연해져 간다. 굳어있던 아집의 응어리나 편견에서 어느 정도 벗어난다고 할까. 수행의 기본은 묵상이다. 몸은 영혼이 머무는 성전聖殿이니 청결하게 가꾸어야 한다.

오월의 비가 시원하게 내린다. 화단에도 텃밭에도 딸기 향을 머금은 연초록 비가 내리고 있다. 오늘따라 나비가 되고 싶어진다. 복잡하고 허망한 인간사에서 벗어나 무념무상의 상태로 훨훨 날고 싶다. 온 힘을 다해 나비와 교접을 시도하지만 좀처럼 소식이 없다. 혼신을 기울여 마음을 한곳으로 모아 본다.

아, 드디어 나비가 손을 내밀었다. 투명한 날개를 펼치고 나비와 함께 날기 시작한다. 가슴속 가득 쌓여 있던 걱정과 번뇌가 흩어지며 사라진다. 나비가 훨훨 날아오른다. 나도 아름다운 한 마리 나비가 되어 더 멀리, 더 높이 날아가고 있다.

내 안에 살아 있는 당신

 어머니, 당신은 한 그루의 나무로 내 안에 살아 있습니다. 내 안에 뿌리를 내리고 잎사귀로 우거져 무성한 당신입니다. 정녕 한 그루 나무입니다. 구름을 머리 위에 이고 산을 가리키며 오르라 하십니다. 저 바다를 향해 손짓하며 멀리 바라보라 이르십니다. 꽃을 보며 아름다운 인생을 논하시고, 새들의 지저귐에 함께 노래하라 하십니다.
 당신께선 15년 전, 조용히 이곳 삶을 거두셨지요. 임종 전, 멀리 흩어졌던 당신의 아이들이 빠짐없이 모여들었고, 가톨릭 가정미사를 하면서 성가를 부르기 시작했습니다. 노랫소리는 미사가 끝난 다음에도 이어졌고 누가 먼저랄 것 없이 시작하면 함께 부르다 기도하곤 했지요. 초저녁부터 그렇게 자정을 넘기고 있었습니다. 저는 당신의 다리를 주물렀습니다. 말랑말

랑하게 여윈 다리를 만져드리면 "아아아, 시원해" 하며 좋아하셨지요. 침대를 반쯤 들어 올린 상태라 당신의 미소 머금은 표정을 더 세세히 읽을 수 있었답니다. 성가가 더욱 평안하게 해드렸던 걸까요. 당신은 평온한 얼굴, 잔잔한 평화 자체였습니다.

새벽 두 시경. 피곤한 눈을 잠시 붙이러 갔고 안방에는 동생 내외와 저만 남아 성가를 부르고 있었습니다. 그때 당신의 입가에서 파란 약물이 주르르 흘러내리는 게 아니겠습니까. 순간, 당혹스러웠지만 체온은 따스했기에 그게 종명인 줄은 몰랐습니다. 그러면서도 혹시나 해서 건넌방을 향해 소리쳤지요.

"아버지-, 어머니가 이상해요."

아버지가 달려와 맥을 짚고 눈을 보시더니 꺼질 듯 낮은 목소리로 말씀하시더군요.

"선종하셨다."

얼마나 황망하던지요. 당신께선 우리 곁을 너무 일찍 뜨셨습니다. 그래도 하늘의 부름을 받으셨는지, 당신이 운명하시던 날엔 바람도 숨을 죽이고, 흐르던 구름도 멈췄었지요. 그날 밤은 달도 별도 돋지 않았습니다. 전전날 세우細雨의 흐느낌은 당신의 운명을 들여다본 하늘의 조짐이었는지요.

오늘 따라 당신께서 내게 성큼 다가오신 건 어인 일입니까. 왜 이리 끈끈한 아픔, 혈혈한 외로움, 적막한 슬픔입니까. 저는 벌써 당신의 품에 안겨 유년의 골목으로 들어섭니다.

당신께서는 일본에서 태어나 초등학교 6학년 때 넘어오셨다지요. 그러기에 우리말 발음이 불명확할 때도 있었습니다. 그래선지 제가 초·중학교 시절, 친구들이 "너네 어머니 일본 사람이지?" 하며 의아해하기도 했지요. 친구들의 관심은 당연한 일이었습니다. 옷맵시며 발걸음이며 주위의 시선을 끌었으니까요.

 당신은 감성이 풍부한 여인이셨습니다. 잔뜩 안고 있었던 끼를 우리 춤과 가락에 얹어 발산하곤 했습니다. 당시에 제주의 가장 큰 무대인 시민회관에서 열연하던 모습이 눈에 선연합니다. "춘향전" 공연에서 도령 역할을 맡아 열연하던 모습도, 무대 한가운데서 신명나게 장구 치시던 모습도요. 어머니, 당신의 그 예인藝人 감각이 저를 치장시켰던 걸까요. 제가 초등학교 다닐 때 옷 잘 입는 아이로 부러움을 샀던 일, 생각나십니까. 한번은 여선생님이 "어디서 그런 옷과 신발을 살 수 있는지 엄마에게 여쭤보렴." 했고, 저는 뒷날 선생님께 "엄마가 그러는데 제주에선 살 수 없대요." 하면서 어린 나이에도 우쭐했지요.

 당신은 다섯 남매를 키우면서도 매 한 번 들지 않았습니다. 사춘기를 호되게 치르는 큰딸에게도 좀처럼 화내지 않으셨던 어머니. 그건 바로 당신의 밑바닥에 경륜과 자애로움이 자리해 있기 때문이었겠지요.

 당신은 어려운 이웃에게도 극진했다지요. 외할머니 말씀에 의하면 제사 지낼 쌀까지 퍼주곤 했다면서요. 어머니, 생각나

세요? 제가 중학교에 들어갈 때 불쌍하다며 데려온 저랑 동갑내기 여자 애. 처음 왔을 때는 고분고분하더니 나중엔 저를 시샘하다 막내가 태어나자마자 종적을 감췄지요. 그 바람에 고등학교에 다니던 제가 기저귀까지 빨아야 했습니다.

어머니, 당신은 남은 잘 챙겼으면서 정작 자신은 챙기지 않아 속상했습니다. 틀니를 이십여 년 했다는 사실도 입원하신 후에야 알고 얼마나 놀랐던지요. 깔끔하신 성격에 치아관리인들 소홀했겠습니까만 알고 보니 어릴 때 초콜릿을 많이 먹어 그렇다더군요. 아, 어머니. 당신이 큰 병에 걸렸을 때 얼마나 창망하던지요. 하지만 당신은 의연하셨습니다.

십 년을 훨씬 넘는 세월 동안 숱하게 서울 병원을 오가면서도 항상 밝은 표정을 잃지 않으셨어요. 괄목할 진전에 주치의가 "별 일도 다 있다."고 하셨다지요. 그게 다 무슨 소용입니까, 속으로는 야금야금 생명을 갉아먹히고 있었던 걸요. 이 불효여식, 가슴 치며 탄식합니다. 당신이 입원하셨을 때 저는 3년 휴직 중이었음에도 두어 번 올라간 게 고작이었으니까요. 참 어처구니없습니다. 내 자식 키우는 데만 급급했다니요.

어머니, 눈이 하얗게 덮인 그날 세상을 하직하면서, 걸음걸음 춥지 않으시던가요. 제가 어렵사리 5년 만에 아들을 낳자, 걷지 않고 날아왔다며 그렇게도 기뻐하시더니, 당신의 손자가 눈에 밟혀 어떻게 등 돌리셨는지요. 당신이 무척이나 아끼던 손자는 이제 고등학교 2학년이 되었습니다. 두 돌까지 안겼던

할머니의 체온을 아련히 느끼는지 외할머니 얘기를 가끔 꺼냅니다. 막연한 살 냄새, 혈연의 포근함이 남아 있겠지요.

어머니, 가끔은 '이런 날 계셨다면 오죽이나 좋을까.' 하고 퍽이나 그리워 크게 부르고 싶어집니다, 어머니! 지난 어버이 날엔 백세를 목전에 두신 당신의 어머니를 찾아뵈었답니다. 할머니가 외동딸 얘기를 자랑스레 늘어놓으며 그리워하는 바람에 할머니 몰래 눈물을 훔치느라 혼쭐났습니다. 그 날 해질 녘, 붉게 물든 하늘가에 갸름하고 창백한 당신 모습이 어른거려 또 울컥했답니다.

당신이 이곳에서 누린 예순의 나이, 이제 이 딸이 머잖아 그 나이에 이를 텐데 과연 당신만큼 세정世情이나 제대로 꿰차고 있을는지요. 곱씹어 보지만 산다는 게 참으로 속절없습니다. 어디서 와서 어디로 가는지도 모르는 인생, 세월은 행운유수라 참으로 부질없음을 느끼는 요즘입니다.

성 테레사 수녀의 말처럼 "낯선 여인숙에서의 하룻밤"과 같은 여정이 우리네 인생인지도 모르겠군요. 아, 어머니. 당신이 생전에 흥얼거리던 노래가 기억 저편에서 되살아납니다. '인생은 나그네 길, 어디서 왔다가 어디로 가느냐…' 잇따라 물씬 당신의 체취가 느껴집니다.

어렸을 때 당신의 치맛자락에서 맡곤 하던, 당신의 무릎 사이에 얼굴을 파묻고 맡던 그 향내 말입니다. 아직도 '흠흠'하면 코 가까이에 머물던 실체는 정녕 숲길을 거닐며 맡던 들꽃의 향기입니다.

어머니, 언제까지나 우리 곁에 빛으로 살아 계실 듯하던 당신이 한순간에 사라지고 말더이다. 오늘 따라 당신이 사무치게 그립습니다.

나잇값

 어머님께서는 생전에 걸핏하면 '사람은 나잇값을 하면서 살아야 한다.'고 말씀하셨다. 당시에는 그 말의 참 의미를 제대로 이해 못한 채 고개를 갸웃거렸다. 하지만 사람은 그 나이에 걸맞은 언행을 하며 살아야 한다는 뜻이었음을 뒤늦게 깨닫는다.

 동창들이 모이면 화제는 자연스레 늙어감에 대한 얘기가 주를 이룬다. 젊은 시절에 미모를 자랑하고 다녔던 친구도, 운동을 열심히 했던 친구도 얼굴에 주름살이 생기고 피부도 처져 초로의 얼굴이 되어 있다.

 우리는 모두 세월을 비껴가지 못하는 줄 알면서도 늙지 않으려 애쓴다. 젊음을 유지하고자 함은 인간의 본능일지 모른다. 겉으로는 '나이에 걸맞게 주름살도 좀 있어야 사람 냄새가 나지.' 하면서도 주름 시술에 관한 정보에 귀를 쫑긋 세운다.
 삶을 초월한 듯 대화에 끼지 않고 듣고만 있던 친구가 조용히 입을 연다.
 "그래, 너희처럼 건강할 때가 좋은 거다. 희귀암 말기인 K도 말하지 않더냐, 웬만한 건 설렁설렁 다 날려버리면서 젊게 살라고."
 우리는 힘들게 살아온 세월을 다 날리려는 듯 연거푸 잔을 부딪친다.
 "우리 자신을 위하여!"
 빗나간 자식 때문에 힘들었던 친구도, 시누이 때문에 이혼한 친구도, 남편의 외도로 속병 앓던 친구도 파이팅을 외친다. 우리도 이젠 알곡이든 쭉정이든 기쁜 마음으로 거두며 살아가야 할 나이가 되었음이다.
 봄이 무르익고 있다. 예순이 넘었음에도 우린 마냥 설렌다. 새롭게 핀 들꽃의 향기가 우리를 흔들어 놓고, 갓 피어나는 새싹을 바라보며 생명의 경외를 느낀다. 다른 계절이라고 다르지 않다.
 지난겨울, 바다에 있었다. 울기 위해 바다에 갔지만 오히려 바다의 울부짖음에 울고 싶어도 참아야 했다. 가을의 수확을 바라보면서는 텅 빈 부재가 부끄러웠다. 그래도 아직 내 마음속은 뭔가로 채울 수 있는 '텅 빈 충만'이 있어 평온하다. 세월의 흐름은 겨울을 데려오고 그 그림자는 내 뜨락에도 드리워졌다. 겨울의 우수 속에서도 한 줄기 빛이 있어 웃을 수 있었다.

 지나간 세월이 아무리 힘들고 아렸어도 잘 견뎌왔지 싶다. 지나고 보니 아름답게 여겨지기도 한다. 나이가 들어가니 많이 가졌거나 적게 가졌거나, 많이 배웠거나 못 배웠거나 고만고만하다. 자기가 살아 보지 않은 삶과 가 보지 못한 길에 대해 안타까워하지만, 웬만큼 살아본 사람은 알고 있다. 두 길을 다 가지 못하는 현실을 안타까워하고, 한참을 서성대다 낮은 한쪽 길을 따라 멀리 끝까지 가도 아쉽기만 하다. 가보지 못한 길도 무슨 대단한 길은 아니다. 모든 길은 결국 종착역에서 만난다.

 세월이 가니 사람도 가고, 인적이 끊어지니 잡초가 주인이 되었다. 사람이 떠나면 세월의 그림자만 없어지는 줄 알았더니 낮을 밝히던 태양도 사라지고 있었다. 언제까지나 곁에 계실 줄 알았던 부모님도 세상을 떠났다. 세상에서 가장 소중한 한 부분이 사라졌다는 사실이 가슴을 메이게 했다. 한편으로는 나도 어머니처럼 내 딸들에게 해와 달과 같은 존재가 되어야 한다는 생각에 벅찼다. 엄마가 있어 딸은 완성되고, 딸이 있어 어미가 완성된다. 흙에서 싹이 나니 꽃이 피고, 꽃이 피니 세상이 아름다워지는 것과 같은 이치다.

 살아갈수록 어머니처럼 살다갈 자신이 없어진다. 요즘은 직장에서도 가정에서도 사람 관계가 정말 쉽지 않다는 걸 실감하고, 나잇값을 하며 산다는 게 얼마나 힘든 일인지를 깨닫게 된다.

나잇값을 한다는 게 사람값을 한다는 건데 생각할수록 부끄럽기만 하다. 한 해의 마지막 달력을 걷어내고 새해 달력을 걸면서, 그동안 나잇값을 제대로 하며 살았나 생각해 본다.

아들아

 아들아, 바다 건너 온 장문의 메일에서 성숙해 가는 네 모습을 읽었단다. 갑자기 어른이 된 느낌이 들더구나. 떨어져 있다는 물리적 거리감 탓일까. 왠지 생경한 느낌, 그래서 더 바짝 다가앉게 되나 보다.
 네가 태어났을 때, 얼굴이 내 주먹 하나에 다 가려졌을 만큼 작았는데 어느새 이렇게 컸다니 세월 참 빠르구나. 켜켜이 덮인 시간의 표피만큼이나 네 허우대 위로 성장의 장식물들이 얹혀져 가고 있으니 참 뿌듯하다. 장식 없이 뼈대만 뎅그렁한 건물을 생각해 보렴, 얼마나 흉측하겠니. 하지만 너는 지식이라는 뼈대 위에 품격이라는 디자인을 조금씩 덧씌워가고 있어 자랑스럽다.
 그래도 조금 염려스러운 건 네 기질 때문이야. 펄펄 끓는 열정을 다스리지 못하면 자칫 부작용을 불러 올 수 있거든. 며칠 전 큰누나로부터 네 근황을 듣고 적잖이 당혹스럽더라. 너는 구타가 아니었다고 하겠지만 그쪽 문화에서는 한 번 툭하고 쳐도 구타로 볼 수 있고, 어쩌면 상대의 자존심이 상했을 수도 있다는 점이야. 오죽했으면 그의 부모가 학교로 찾아오겠다고 했을까.

어떤 경우에도 흥분해서 품위를 놓아버리는 일은 없어야 한다. 갑자기 감정이 폭발해 억제할 수 없을 지경까지 이르면 아예 입을 앙다물어라. 냉소를 머금어가며 비꼬는 말이라도 한마디 내뱉고 싶겠지만 그래도 참아야 하느니라. 냉소는 비수보다 더 심한 상처를 낼 수도 있으니까. 제아무리 어리석은 사람도 자기가 무시당하고 있다고 생각되면, 분노하고 반항하는 법이거든.

자신감에 차 있는 사람일수록 독선에 흐를 수 있으니 명심해라. 설사 다른 사람보다 좀 뛰어난 면이 있다손 치더라도 우쭐해선 안 된다는 말이다. 행여 확신이 서더라도 진중하고 조신해야 하는 거야.

이번에도 다짜고짜 윽박지르지만 말고 그 애의 의도가 뭔지, 심리상태는 어떤지, 하다못해 사정 얘기라도 한번 들어주며 네 진정을 보였으면 어땠을까. 그 친구가 큰누나 영어 수업 시간에 대한 불만을 뒤에서 비아냥거리며 표출한 일도 너에 대한 반감이라는 생각은 들지 않던? 물론 너도 할 말이 있겠지만 그 심정을 왜 모를까. 걔가 공공연히 큰누나 트집을 잡았을 때 네가 오죽했겠냐고.

 큰누나 말에 의하면 걔는 자격지심 때문에 상담을 필히 요하는 학생이라며? 핸디캡을 건드리는 건 결국 프라이버시를 침해하는 게 되거든. 너는 농담으로 말하면서 가볍게 툭툭 쳤을 뿐이라지만 자칫 극단적인 상황까지 몰고 갔을 수도 있었다는 얘기야. 가만히 주위를 살펴보아라. 하찮은 일이 빌미가 되어 살인까지 가는 경우를 흔히 보잖니. 아무쪼록 조심할 일인 게야.

 네가 욱하는 성깔을 다스리지 못한다면, 너는 우리나라가 아닌 그들의 나라에서 버티기가 여간 힘들지 않을 게다. 언젠가 네가 말했지, 우리와는 달리 호주사람들은 인종차별을 않는다고. 하지만 동전에 양면이 있듯 모든 상황은 양면성을 띠고 있다고 봐야 한다. 지금은 원어민이 대부분인 학교에 다니고, 훌륭한 선생 댁에 기거하는 덕분으로 거센 바람을 맞지 않았을 뿐이지. 세상은 생각보다 훨씬 냉혹하다. 호락호락한 게 아니라니까. 그 나라엔들 교활한 사람이 왜 없을까. 그런 사람들은 고의적으로 상대를 화나게 만들어 자신이 원하는 걸 얻어내려 하거든. 그렇다고 너무 상대를 경계 대상으로만 보라는 뜻은 아니야. 그러다 행여 소심해질 수도 있으니까.

 네가 늘 당당한 남자이기를 원한다. 그러려면 시간을 쪼개어 목표한 바를 성취해나가도록 더 한층 힘써야지. 한번 가버린 시간은 영영 다시 돌아오지 않는다. 시간이란 속성은 평생을 두고 뛰어넘어야 할, 누구에게나 주어진 명제 중의 하나가 아니냐. 시간이 무한정할 것 같지만 그건 어디까지나 착각일 뿐, 다 시기가 있다. 네가 시간을 아껴가며 자신의 꿈을 펼칠 수 있는 황금 시기는 바로 지금부터란다.

네가 원하는 대학, 원하는 학과에 진학하려면 그야말로 혼신의 노력을 다해야 한다. 다 크고 나면, 네 자신을 바꾸기가 쉽지 않다는 점에 주목했으면 해. 얼룩말이 얼룩무늬를 바꾸지 못하듯, 나무가 어느 시기에 한 번 비틀어지면 수형을 고치기 힘들듯 말이야. 시간의 마디에도 힘을 쏟아야 할 시기가 있게 마련이다. 마음속 깊이 새겨뒀으면 좋겠구나.

너는 아직도 다이아몬드의 원석이랄 수 있다. 각고의 노력으로 불순물을 제거하기만 하면 휘황한 광채를 발할 수 있을 게야. 넌 어려서부터 의지가 굳고 어른스러운데다 패기까지 넘치고 뭐든 한다면 했지. 어중간할 바엔 차라리 안 한다며 손도 대지 않는 바람에 엄마는 얼마나 속상하고 가슴 철렁했는지 몰라. 그래도 결국에 넌 억척스레 해내긴 하더라만. 앞으로 뛰어넘어야 할 장벽이 걸음걸음 많을 텐데 잘 이겨내렴. 넌 분명 고비마다 잘 넘길 거야.

네가 성인이 된 뒤에는 이런저런 잔소리 하지 않을 거다. 그땐 이미 네 나름대로의 가치관을 정립하여 성숙해 있을 테니까. 이만 하련다. 너무 시시콜콜한 얘기만 늘어놓은 건 아닌지 몰라. 하지만 그만 쓰려니 우려되는 게 있어 꼭 한 가지만 덧붙일게.

좋은 친구를 사귀어라. 사람은 누구와 어울리느냐에 따라 달라지는 법이거든. 이왕이면 너보다 낫다고 생각되는 친구를 사귀렴. 이기적으로 들리겠지만 그래야 발전한다. 이성적으로나 감성적으로 공감대를 형성할 수 있는 친구면 더욱 좋겠지. 그런 사이라면 서로를 합리적인 방향으로 이끌 수가 있기 때문이야.

그리고 엄마의 경험으로 보면 좋은 친구가 많고 적이 없는 사람이 끝내 강자가 되더라. 무슨 일을 하던 좌우에 많은 협력자를 두게 되기 때문이야. 그건 무엇과도 바꿀 수 없는 큰 자산이기도 하단다.

아들아, 네게 한없는 신뢰를 보낸다. 너희들을 위해 기도할게. 사랑한다. 큰누나와 작은누나에게도 사랑한다고 전해주렴.

3부

잘콴다리
다시 불러 보고 싶은 이름
엽기 체험
바람의 아이들
태풍 뒤에 뜬 보름달
사랑의 징검다리
한라산 까마귀
고귀한 존재
일상의 미학
콩나무로, 콩나물로
이 설운 애기야
이 철없는 아이야

잘관다리

 헐레벌떡 학교 주차장에 차를 세우고 본 건물로 향했다. 현관으로 내달리는 순간 '쿵'하고 뭔가에 부딪힌다. 둔기로 얻어맞은 듯 어딘가 얼얼하다. 몸이 휘딱 나자빠져 있고 가방은 저쪽에 나뒹굴고 있다. 왜지? 생각할 겨를도 없이 가방을 얼른 주워 들고 2학년 해당 교실로 달음박질쳤다.

 수업이 한창 진행 중이다. 타 학교에서 온 교사들도 뒤쪽에 빽빽이 들어차 있다. 급히 들어서자 한 아이가 짝꿍에게 귓속말한다.

 "장학이 왔다. 선생님 화내지 않겠네, 히힛."

 수업을 침착하게 참관하고 있는데 주의가 산만한 아이가 뒤돌아 외쳤다.

 "어? 귀신 얼굴이닷. 피, 피!"

내 치마 위로 피가 뚝뚝 떨어진다. 얼굴을 만졌다. 피가 손에 묻어나 빨갛다. 벽 거울을 보니 왼쪽 눈 아래로 피가 흐르고 있다. 그 지경인데도 까맣게 모르고 있었다. 신경이 잠시 마비됐었나 보다. 마음이 급박해서였는지, 무딘 신경이라 그랬는지는 아직도 의문이다.

 응급처치를 받기 위해 보건실로 갔다. 안경이 깨졌다면 큰일 날 뻔했다며 보건 교사가 상처 부위를 닦고 임시로 지혈한다. 눈두덩이 심하게 찢겨 병원으로 직행해야겠단다. 그녀의 승용차로 내과에 갔다. 살이 많이 패여 흉터가 생기겠다며 성형외과로 가란다. 결국 성형외과에서 시술을 받았다. 특수 의료 바늘과 실로 속살부터 겉살까지 이중으로 꿰맸다고 한다. 시간이 꽤 걸렸다.

 왼쪽 눈을 가린 상태라 시야가 흐리고 통증도 왔지만 교육청으로 들어가야 했다. 시급을 다투는 공문들이 산적해 있었으니 말이다. 교감직에 있다가 장학직에 가서인지 많이 힘들었다. 학교에서는 자신을 반추하는 여백이라도 있었지만, 교육청에서는 언감생심 꿈도 못 꿀 일이었다. 밤낮없이 업무에 치여 허덕일 때, 세상에서 가장 부러운 사람은 산책하는 이들이었다. 내게도 저런 시간이 주어질까.

 다친 날은 눈 딱 감고 저녁 일곱 시경에 퇴근했다. 남편이 현관을 들어서다 해가 서쪽에서 뜨겠다며 반기곤, 붕대로 싸맨 눈을 보고 놀란다. 자초지종을 낱낱이 털어놓았다. 아침부터

서귀포시 공개 보고회에 갔다가 점심도 거른 채 허겁지겁 한라산을 넘었고, 연구학교 공개 수업이라 늦지 않게 수업에 참관해야 지도 조언할 수 있어 내달렸고, A학교는 현관 전면이 통유리인데 반질반질하게 닦아 유리문이 있는 줄 미처 몰라….

"됐어요, 됐어. 다 듣지 않아도 알 만하네. 허구헌 날 덤벙대다, 잘콴다리!"

하도 어이없어 남편을 멍하니 바라봤다.

"뭐라구요?"

"내가 틀린 말 했남, 눈은 뒀다 뭐하려고."

기가 막히다. 남편이란 사람이 위로는커녕 쌤통이라니.

아내의 직장 일을 이다지도 모를까. 얼마나 분초를 다퉜으면 앞도 보이지 않았을 거냐고 다독여주면 어디가 덧날까. 하기야 아내인들 남편의 고충을 어찌 다 알까.

장학직은 참 매력 없기 그지없다. 학교는 아이들이 있기에 설렘이라도 있지만 장학직은 일에 갇혀, 발등에 떨어진 불끄기에 여념이 없다. 봇물처럼 터지는 일에 날마다 치여 끌려다닌다. 더군다나 10월부터 연구학교 공개 보고회가 열리기 시작하면 수시로 학교현장을 들락거려야 한다. 그러니 일선에서 반길 리 만무하다.

장학직은 울며 겨자 먹기로 정부 시책에 따를 수밖에 없다. 교육부장관이 바뀌면 또 엄청 달라지는 교육정책에 맞춰 동분서주해야 한다. 아무리 불합리한 정책이라도 따지지 말고 밀어붙여야 하니 갈등이 많았다. 심지어 몇 시간 내로 보고하라는 공문도 있다. 차마 거짓으로 보고할 순 없기에 염치없는 짓이지만 일선 학교로 보내며 닦달하게 된다. 내 눈두덩이가 찢어졌다는 소문을 들었다면 아마 '잘콴다리'*라며 고소해했을지 모를 일이다. 사무직원이 맡을 사무까지 수업하던 교사가 공문부터 처리하여 보고하라면 곱게 비칠 리 만무하잖은가.

그 바쁘던 자리에서 물러나온 지금, 조깅하는 대열에 합류했다. 내가 그토록 바라던 소망을 이룬 셈이다. 하지만 몇 달이 흐르면서 그렇게나 달콤하던 시간도 차츰 희석되고 있다. 고개를 넘어 찾아왔건만 또 무정하게 저만치 달아나버린 걸까.

평범하고 살갑게 살아가고 싶다. 사람들로부터 '잘콴다리'라는 말을 듣지 않고 예쁘게 말이다. 버려진 꽃다발에서 꽃 한 송이를 건져 올릴 수 있는 마음으로 살아가고 싶다.

---

* '잘콴다리'는 '잘코사니'의 제주어

다시 불러 보고 싶은 이름

"저 수녀님이 우리 담임에다 수학 담당?"

고등학교에 갓 입학한 우리는 어리둥절했다. 우리 학교는 미션 스쿨이라 교장이 아일랜드 출신 신부님이었지만 수녀님은 과목을 맡지 않고 종교 시간에만 들어왔기 때문이다.

다른 반 아이들은 부러워하는 눈치였지만, 우리는 잔뜩 긴장했다. 뭐든 원칙에 따라 가차 없이 처리하기 때문이다. 학생 관람 불가 영화를 보다가 발각되면 단박 징계위원회로 넘겨, 원성이 자자했다.

"혹독한 저분, 수녀님 맞아?"

볼때기를 부풀리며 쑤군대곤 했지만, 알면 알수록 고개가 수그러졌다. 우리 학교에도 가정 형편이 어려운 아이들이 더러 있었는데 수녀님은 그들부터 챙겼다. 한 아이가 결석하면 어떻게든 찾아가 손길을 내밀어 끌어안았으니까. 자상한 손길이고 관심이었다. 몇 주 내에 반 아이들 60명 이름을 죄다 외워 얼마나 놀랐던지. 출석부를 앞에 놓고서도 번호로만 부르던 시절이라 그야말로 신선한 충격이었다.

수녀님은 또한 체벌 반대론자였다. 한번은 체육 선생이 단체 기합을 준 적이 있었는데 그날 우연히 교무실 옆을 지나다 고성을 들었다. 수녀님이 격앙된 목소리로 크게 화내는 모습을 보고 얼마나 놀랐던지. 수녀님은 동료들로부터 반발을 사면서도 교육적인 신념으로 흔들림 없이 맞섰던 분이다. 그러면서도 얼굴에서 떠나지 않던 미소와 단아함은 우리들의 우상이었다.

우리는 점점 베일에 싸인 그분한테 빨려 들어간다. 오십 대 같은데 얼굴에는 주름 하나 없고, 머리카락이 세었는지 알고 싶어도 한 올 허투루 삐져나오는 법이 없었다. 한여름에 우리는 더워죽겠다고 난리인데 치렁치렁 온몸을 감쌌으면서도 매사 초연했던 분, 단정한 옷매무새로 품위가 예의라는 걸 일깨워준 분이다.

바로 그 수녀님이 목소리를 높이는 일이 벌어졌다. 수녀님이 출장 중인 날, 한 친구의 일 년 치 공납금이 종적을 감춰버렸다. 친구가 털썩 주저앉아 눈물을 펑펑 쏟으며 땅을 친다.

"어머니, 저가 잘못해수다. 어머니 말대로 허리춤에 돈주머니 만들었으면 이런 일 없었을 텐디."

우리는 애가 탔다. 그 친구가 어머니 말을 어긴 일이 용서가 됐다. 왜냐하면 우리 교복은 벨트로 허리를 매는 스타일이라 누구나 허리를 잘록하게 보이고 싶었을 때였으니까. 오죽하면 겨울에 내의조차 꺼렸겠나. 그런 마당에 허리에다 돈을 두툼하게 차는 건, 어느 누구한테도 있을 수 없는 일이었다.

그날부터 사흘 내내 단체 기합을 받았다. 심지어 몸수색과 지문을 채취당하는 수모까지 겪었으니 그 심정이 오죽 비참했는지 모른다. 어미 잃은 새끼나 마찬가지여서 자나 깨나 애타게 수녀님이 나오시기만 기다렸다.

드디어 닷새 만에 나타나신 우리의 영웅. 너나없이 환호했지만 웬 걸, 의외로 쌀쌀맞았다.

"너희들 그게 어떤 돈인지나 아니?"

우리는 담임에게까지 범인으로 내몰리자 오갈 데가 없어 울음만 나왔다.

"세상에 자신만큼 소중한 존재는 없지. 하지만 다른 사람의 가치도 소중한 거야. 최소한 자신의 품위를 손상시키는 일만은 하지 말아야지…."

늘 강조하는 말씀이었다. 홀짝거리던 교실은 누군가의 통곡소리를 시작으로 금세 울음바다로 변해 출렁거렸다.

다음 날, 희한한 일이 벌어진다. 통째로 사라졌던 회비가 그 애 책가방 속에 고스란히 돌아와 있지 않은가. 이상한 일은, 돈을 도로 갖다 놓은 범인을 굳이 찾으려 하지 않는다는 사실이었다. 그날따라 수녀님의 미소 띤 얼굴이 유백색 목련꽃보다 더 단아해 보였다. 평소에도 그분이 더 돋보였던 건, 진실이 담긴 칭찬을 아끼지 않았다는 점이다. 무한한 신뢰에 우리는 신바람이 나고 힘이 솟았다.

한번은 수학 시간에 어려운 문제에 걸려 다들 질려 있었다. 설명을 여러 번 들어도 멍하니 있자 뜻밖의 주문을 하는 게 아닌가. 자기 대신 쉽게 풀어 볼 사람 손들어 보라고. 내가 손을 번쩍 든다. 수학을 그리 잘하지 못했는데 동기가 있었다.

수녀님이 부임한 첫날, 교실을 둘러보던 수녀님이 내 이름을 호명하지 않는가. 자기소개를 먼저 하고 친구를 지목하란다. 우쭐해졌다. 내 이름을 맨 먼저 알았다는 사실이 얼마나 가슴 벅찼는지 모른다. 그때부터 수학 시간만은 졸지도 않고 눈이 초롱초롱 빛났다.

내가 분필을 들고 친구들의 눈높이에서 또박또박 설명하자 박수가 터져 나왔다. 수녀님은 환히 웃으시며 한껏 치켜세운다.

"다음부터는 단원이 바뀔 때마다 고연숙을 작은 선생님으로 나오게 하고 싶은데 어떠냐."

수녀님은 그렇듯 매양 진심이 담긴 칭찬을 아끼지 않으면서 큰 인물이 되겠다며 좋아했다.

담임을 잘 만난 덕에 우리 반은 모든 면에 두각을 나타낸다. 반 평균 점수가 가장 높고 학급 미화 최우수상까지 받았다.

자기 주위는 스스로 책임지는 생활을 터득했기 때문이다. 얼마나 깔끔을 떨었냐면 부스러기조차 각자 주웠고 책상 안에도 휴지 조각 하나 보이지 않았다. 일 년 동안 반복된 습관이 아직도 몸에 배어 있다. 담임 한 분이 우리를 확 바꿔 놓은 셈이다. 학교가 파하면 빵집으로 다니던 우리가 학교 도서관에 눌러앉아 책에 열중했다.

아련한 회상 속 그 시절, 서른다섯 해도 더 지난 얘기다. 지금쯤 팔순의 고갯마루에 오르셨을 텐데 어디 계실까. 중간에 들은 소식으로는 우리가 가장 기억에 남는다며 몇몇 이름을 말하더란다. 그 후로 고향 광주로 가셨다는 얘기를 들었고 소식이 끊겼다.

아침 산책길, 눈앞의 목련이 왜 이리도 처연해 보일까. 오늘따라 수녀님이 무척 그립다. 이름이라도 크게 불러 본다.

"김 열 수녀니임~."

엽기 체험

 달력에 눈 맞추며 별러 온 날이다. 호기심은 무척 달뜨게 하는가 보다. 마음이 급하다. 생생한 역사役事의 현장을 두 눈으로 똑똑히 지켜봐야지. 해부학에 관심이 많은 편이다. 비록 해부학으로 전공을 살리지는 못했을망정 눈으로라도 보고 싶어서다.
 신명나는 봄날이다. 살랑거리는 봄바람에 벚꽃이 나풀거린다. 눈길이 닿는 곳마다 꽃 사태다. 굽이굽이 올레 돌담 따라 괭이밥 꽃무더기도 다복다복 펼쳐져 있다. 벚꽃만으로 눈이 부신데 길섶 꽃들까지 얹어지니 한 폭의 산수화다. 담 너머 하귤나무엔 아이 머리통만 한 지난해 황금빛 귤이 주렁주렁 달려 있다. 가장 제주적인 아름다움, 소박한 시골 정취다.
 꽃길에 홀려 돼지 잡는 집을 놓치고 말았다. 그나저나 그

집은 어디지? 이럴 때마다 하도 막막하여 그만 포기하고 싶어진다. 아, 그렇군. 동생 말을 따라 보자.

"언니는 왕 길치니까 길 잃었을 때, 동쪽이라 생각되면 무조건 반대편인 서쪽으로 가야 돼."

이쪽 같으니 저쪽으로 가 보자. 저쪽에 기준으로 삼으라던 후박나무와 팽나무가 나타난다. 꼬불꼬불 올레가 좁아지면서 웅성거리는 소리가 났다. 안쪽에서 이장이 손을 번쩍 들어 반긴다.

작업이 상당히 진행된 듯하다. 숨 끊긴 돼지는 평상에 얌전히 뉘어 있고 장정 셋이 털을 밀어내고 있다. 면도하듯 구석구석 깨끗이 단장한다. 몸통에서 푸르스름한 광채가 돌 정도다. 난생 처음 보는 장면, 눈을 한시도 뗄 수 없다. 자세히 살펴가니까 이장이 말을 건넨다.

"조금만 일찍 왔더라면 죽을 때부터 불에 그슬리는 장면까지 볼 수 있었을 텐데."

아뿔싸, 그나마 길 찾아 헤매다 늦어 다행이네. 한 생명이 뒤트는 모습은 차마 눈뜨고 볼 수 없었을 테니까. 들불처럼 활활 타오르는 불길 속에서 어떻게…. 돼지 멱따는 소리가 들리는 듯하다. 생각만으로도 끔찍하다.

눈앞에 두 눈 꼭 감고 죽어 있는 돼지가 있다. 아니 근데 돼지가 미소 짓고 있지 않은가.

"돼지가 웃는 상인데요?"

"그러십주. 죽기 전과 달리 죽고 나면 대개 이렇습니다."

그랬다. 짐승들도 매한가지로 죽는 순간은 행복감에 휩싸이는 걸 거다. 비록 짐승일지라도 죽어가는 돼지에게 내린 신의 마지막 선물일 테니까. 오래전, 비슷한 경험을 한 적 있다. 수술실에서였다. 수술이 초읽기에 들어가는데도 느긋하리만치 편안하던 그 서늘한 기억. 그때 나긋나긋 몰려오던 느슨한 기운. 두려움이라곤 전혀 없었으니 알 수 없는 일이었다. 날개를 달고 색동빛 세상을 둥둥 떠다니기도 했고 따뜻한 물속을 유영하는 듯했다. 자신을 얽어매던 속박을 일시에 놓아 한 점 근심도 말끔히 사라진 백색 세상, 구도자가 천신만고 끝에 이른 평온함이 이럴까 싶었다.

상념에 젖어 있는데 부녀회장이 어깨를 툭 친다. 내 앞에 끔찍한 일이 벌어지려 하고 있다. 가슴이 방망이질을 치고 숨이 가빠 온다. 장정이 벼린 칼로 돼지 배를 갈랐다. 동그란 내장 보자기가 툭 떨어진다. 순식간에 보자기가 펼쳐지고 오장육부가 와르르 한꺼번에 쏟아졌다.

장정들의 손놀림이 빨라진다. 간을 떼어내더니 도마에서 김이 모락모락 나는 생간을 썰고 있다. 따뜻할 때 한 점 먹어보라고 권한다. 손이 선뜻 가질 않는다. 식당에서와 달리 섬뜩하다. 식칼의 시뻘건 생피가 내 몸에 달라붙는 듯했다. 머뭇거리는데 소주를 잔에 따라주며 간 먹을 때 마시라고 압력을 은근히 넣는다. 난처하다. 숨을 잠시 멈추고 간 한 점을 입에 넣었다. 피비린내가 물씬하여 도저히 더는 먹지 못하겠다.
 그들과 어울리려고 철퍼덕 주저앉아 몇 점을 집어 먹었다. 흥이 난 집 주인이 내장에서 뭔가를 떼어낸다. 바람 빠진 아기 풍선이 줄줄이 달렸는데 아기방이라고 말해준다.
 "아기방이 이렇게 작나요?"
 "뭣이든 씨가 들어가야 커지지 않겠습니까."
 "아, 그렇겠네요. 그렇대도 왜 이렇게 많은 방이 필요해요?"
 "사람과 달리 돼지는 한 번에 열 몇 마리도 낳는데요, 뭘."
 모두 키들키들 웃는 통에 여간 계면쩍은 게 아니다. 그들은 보양식이라며 경쟁하듯 맛있게 먹고 있다. 생명을 잉태하는 방이라 몸보신에도 좋단다. 자꾸만 코앞으로 들이밀기에 한 점을 입에 넣었다. 두 번째는 쫄깃한 식감을 느낀다. 몬도가네가 따로 없다.
 오늘 희한한 체험을 했다. 엽기 체험이다. 사람과 비슷하다는 돼지를 통해 인체 구조도 짐작할 수 있었고 생간과 아기방까지 날로 먹어 봤다. 한 생명의 숨을 끊어놓고 피가 흐르는 살점을 도려내 먹는 인간들이라니.
 어쩌다 마을 주민들과 한 축 낀 게 엽기적인 추억 하나를 만들었다. 일상을 벗어난 파격이었다. 기억 속에 좀체 지워지지 않을 큰 흔적으로 남을 듯하다. 엽기적인 인간들이여!

바람의 아이들

"우리랑 달려요~!"

우리 학교 아이들은 자전거 타는 재미에 푹 빠져 있다.

성읍리에서 자전거로 등교하는 아이들이 여기저기서 청량한 아침 인사를 보내온다. 자전거로 씽씽 달리며 새날을 여는 바람의 아이들. 얘들은 우리의 진정한 희망이고 미래라는 생각이 든다. 에너지 절약에다 지구의 미래까지 밝게 할 대한민국의 어여쁜 새싹들이다.

운동장에서 아직 자전거를 타지 못하는 3학년 아이가 이리비틀 저리 비틀 자전거 타기를 익히고 있다. 얼마 없어 저 아이는 두려움을 극복하고 성취감과 함께 달리는 짜릿함을 만끽하리라. 자전거를 타고 달리노라면 바람이 온몸 구석구석으로 스며든다. 자전거는 풍륜風輪이다. 바람 속을 헤치며 신나게 달리노라면 가슴이 뻥 뚫려 온갖 근심이 사라진다.

내년 말쯤 이곳 성읍에서 표선까지 자전거전용도로 7㎞ 구간이 완공된다고 한다. 그러면 성읍 마을 주민들은 표선까지 버스 대신 자전거로 나다닐 수 있게 된다. 길 양옆으로 수십 년 대찬 구실잣밤나무가 늘어선 숲 터널을 씽씽 달리는 기분이 얼마나 상쾌할까. 아이들에게는 꿈과 낭만과 추억의 등하교 길이 될 터이니 참으로 환상적이지 않은가.

사실 요즘 같은 때에 이만한 효자가 어디 있으랴 싶다. 자전거 수송 분담률이 2%만 돼도 환경과 에너지 편익이 연간 1조 5,000억 원에 이른다고 하지 않는가. 자전거가 '지구를 살리는 불가사의한 물건들' 중의 하나에 선정된 이유를 알 만하다. 우리나라는 이산화탄소 배출량이 세계 10위, 배출량 증가 속도는 1위라고 한다. 위기감이 팽배하니 도정에서는 더욱 정신 바짝 차릴 일이다.

도정에서도 대기오염의 심각성을 인식해서 '자전거 출퇴근의 날'을 지정 운영한다고 한다. 하지만 이런 정도로 얼마만큼의 효과가 있을지 의문이다. 전용도로도 확보하지 못한 상태에서 자전거 출퇴근은 무리일 수밖에 없다. 하물며 인도를 쪼개어 자전거도로를 만드는 열악한 여건에서는 요원한 일이다. 도민들이 자전거 출퇴근에 많이 동참하도록 보다 실질적인 방안을 모색해 봤으면 한다. 무엇보다 인프라 구축이 우선 아닌가.

속도와 편리에만 집착하던 우리는 이제야 편리에 대한 욕망이 과잉임을 알게 되었다. 사람들은 이제 너나없이 건강하고 안전하게 살 수 있는 곳을 찾고 있다. 우리 지역이 WHO로부터 '안전도시(2007)'로 공인을 받은 만큼 그 책무에 소홀하지 말아야 한다.

 제주는 아름다운 바다가 넘실거리는 천혜의 자연환경을 갖고 있는 곳이다. 제주 해안을 따라 펼쳐진 자전거도로가 있다면 얼마나 좋을까. 바다를 끼고 자전거로 씽씽 달리는 풍경은 상상만으로 유쾌하다. 관광객 유치에도 얼마나 크게 기여하겠는가. 흔히들 살기 좋은 지역은 자전거를 마음 놓고 탈 수 있는 곳이라고도 말한다. 서울 강남의 일부 지역은 자동차 도로 한쪽 노선을 아예 자전거전용도로로 만든다고 하는데 제주는 왜 늑장을 부리고 있는가.

 얼마 전에 자전거를 타고 가던 한 할머니가 성읍리 찻길에서 교통사고를 당하셨다. 학교운영위원회가 열렸다. 볼멘소리로 불평한다.

 "교장선생님이 도지사한테 무조건 압력을 넣어야 합니다. 자전거전용도로를 만든다고 한 지가 대체 언젠데 도지사는 아직도 말로만 청정 제주를 외친답니까."

태풍 뒤에 뜬 보름달

 새벽 여섯 시, 교감에게 '교직원 비상 연락망'을 급히 가동하고 아파트 밖으로 나왔다. 눈을 뜰 수조차 없는 강풍이라 승용차 문을 도무지 열 수가 없다. 물에 빠진 생쥐 꼴로 운전대에 앉으니 덜덜 떨려 시동이 걸리지 않았다. 남편이 차창 문을 격하게 두드린다.
 남편 차에 동승했다. 대로에 나서자 차가 휘청이고 앞이 보이지 않는다. 와이퍼가 빠르게 빗물을 닦고 있었지만 워낙 세찬 빗줄기라 하등 소용없었다. 하수구 맨홀에서는 분수가 하늘 높이 치솟았고, 가로수 벚나무에 간신히 매달린 할머니를 구하러 청년이 달려오고 있었다.
 거센 비바람과 물살을 헤치며 차는 질주한다. 학교는 무사한가. 거리가 사오십 킬로미터 남짓에 불과한데 엄청 멀게 느

꺼진다. 경찰차의 사이렌 소리가 요란하다. 가슴이 방망이질 친다. 천미천 다리 위에 경찰차와 오토바이 두 대가 출동해 있다. 학교에 가서야 들은 소식이지만 거기서 관광객 시신 2구가 발견됐다고 한다.

그날, 제주에 나타난 '나리'는 엄청난 태풍이었다. 난데없는 물 폭탄으로 농작물이 모두 쓸리고 아스팔트가 동강났다. 차량들이 둥둥 떠내려가고 몇십 명이 급류에 휩쓸려 사망했다. 추석 대목을 앞둔 재래시장에선 가게가 부서지고 물건들이 만신창이가 되어 상인들이 얼마나 가슴을 치던지. 쓰나미처럼 밀어닥친 수마 앞에서 다들 망연자실했다. 거기다 밤중엔 전기까지 끊겼으니 오죽 암흑천지였겠는가. 제주는 고립무원 외톨이로 변해 악몽 같은 시간을 보내야 했다.

우리 학교 교직원들은 새벽부터 달려와 문단속에 안간힘을 쏟고 있었다. 퍼붓는 비와 포효하는 바람은 공포 그 자체여서 아무도 밖으로는 나갈 엄두가 나지 않았다. 당분간 교실에 갇혀 지내기로 한다.

비탄과 경악의 소리가 사방에서 들려왔다. 차에서 내리던 사람이 휩쓸렸네, 복개천에 물이 넘쳐 아파트 이층까지 집어삼켰네, 차에 탔던 일가족이 떠내려갔네, 차량 수십 대끼리 곤두박질쳤네…. 온 제주가 아비규환인 가운데 '그나마 휴일이라 다행'이라며 가슴을 쓸어내렸다. 제주 하루 강수량이 500㎜를 넘어섰고, 순간 풍속이 60m였다니 등교 날이라면 어땠겠는가.

섬을 삼킬 듯 거세던 비바람은 다음날 새벽이 되어서야 수그러들기 시작했다. 교직원들과 세 끼를 꼬박 굶은 채 눈을 잠깐 붙이고 날이 밝자마자 교내를 둘러봤다. 자전거를 보관하는 창고 천장이 발기발기 찢기고, 학교 진입로는 쓰러진 나무들과 밀려온 쓰레기 더미로 뒤범벅이다. 곳곳이 내려앉아 흉물스럽다. 교직원들과 급히 치우고 있었지만 진척이 더디다. 트럭 몇 대로도 모자랄 이 어마어마한 쓰레기들을 어떻게 치워야 하나.

 뜻밖에 구호의 손길이 다가왔다. 마을 청년회에서 굴삭기까지 끌고 와 복구를 도와줬다. 어찌나 감격스럽던지. 교직원들과 학부모들이 합심하여 팔을 걷어붙였다. 얼굴마다 생기가 돌고 운동장이 활기로 넘쳐났다. 삶이 고단할 때, 나를 지탱해 주는 힘은 무엇이었던가. 가까이서 멀리서 도와준 사람들 덕분이었다.

 어느 정도 학교 일이 수습되자 동네를 둘러보러 갔다. 마을은 그야말로 전쟁을 방불케할 만큼 초토화 그 자체였다. '성읍민속마을'이라는 안내석이 쓰러지고 천 년 묵은 팽나무도 쓰러져 있다. 세계 자연유산으로 등재된 보물섬 제주가 만신창이가 되었다. 태풍이 남기고 간 상처는 깊다. 어쩌다 자연을 이토록 노하게 했을까.

 오랫동안 인류는 생명을 소중히 여겨 왔지만 자연이 파괴되면서 태풍과 해일이 거듭되고 있다. 수백만 종 이상의 동식물이 서식하는 지구가 앓아누웠다. 인간의 욕심은 끝이 없다.

시력이 부쩍 나빠진 요즘이다. 내 가늠에 맞게 살아야겠다. 가급적이면 적게 보고 적게 말하면서. 남의 말에 귀 기울이되 되도록이면 말은 삼가련다. 벤저민 프랭클린도 "말은 나뭇잎과도 같은데 나뭇잎이 무성할 때는 과실이 적다."라고 했다.

가을이다. 모든 식물이 열매를 영글게 하느라 이파리를 땅으로 떨어뜨리고 있다. 후손 사랑이다. 태풍으로 이번 추석연휴는 아쉬움으로 남았다. 누구에게든 고향은 존재의 시원始源이다. 수해로 삭막해진 이 섬에도 어김없이 보름달은 떴다. 한가위 달은 넉넉하다. 흩어진 가족들을 한자리에 모여들게 만드는 한가위는 통합을 선물한다. 사람들 마음이 넉넉해져 모두 행복해지기를 빈다. 하늘도 언제 그랬냐는 듯 눈부시다.

사랑의 징검다리

한여름 장마철이라 후텁지근하지만 소낙비라도 한바탕 퍼부을 땐 삽상해서 좋다. 창틀 따라 흘러내리는 빗물이 스며드는 모양을 바라보고 있으니 마음마저 서늘해 온다.

창문 가까이 있던 책을 몇 권 나르던 중에 책갈피에서 사진 한 장이 툭 떨어진다. 중학생 시절, 용연다리에서 소꿉친구와 찍은 추억이다. 그러고 보니 오늘이 칠월칠석, 일 년의 오랜 기다림 끝에 견우와 직녀가 미리내 오작교에서 만나는 날이다. 애틋한 만남을 위하여 머리를 맞대 다리가 돼주는 까막까치들의 희생에 가슴이 찡해온다.

세상에는 사람 사이를 넘나드는 다리가 많이 있다. 자식에게 버팀목이 되려 몸을 던지는 어버이, 제자를 온전하게 키우려 애쓰는 스승, 헬렌켈러의 스승 설리번, 평생을 병들어 찌든 이웃들과 함께 한 테레사 수녀, 모두 훌륭한 사랑의 징검다리들이다.

작년 이맘때, 외국에 사는 옛 사진 속 소꿉친구가 집으로 찾아왔다. 우린 다른 일 다 접고 옛날로 돌아갔다. 쌓이고 쌓인 추억거리가 어찌나 많은지 시간 가는 줄 모르고 풀어놓던 중이었다. 친구가 느닷없이 일어나더니 의자에 올라가 멎었던 괘종시계의 추를 좌우로 흔들어 놓는다. 죽은 듯 바늘만 느릿하게 옴짝거릴 때 보다 이게 살아있음의 표시가 아니겠냐며 좋아한다. 뜻밖에도 그녀는 삶의 활기에 목말라 있었다.

점심을 집밥으로 먹으려고 청둥호박을 썰어 갈치국을 끓이랴, 제주 빙떡을 만들랴 부산을 떨었다. 잠시 뒤, 압력솥에서 치직치직 소리가 나자, 이게 바로 사람 사는 냄새라며 얼굴이 환해진다.

"난 그 동안 허상만 좇으며 산 것 같아."

소외된 이들을 보살피느라 시간이 모자란다며 즐거운 비명을 지르곤 했는데 의외다. 넋두리가 이어진다. 시댁 일에는 만사 젖혀놓고 나섰는데도 우리 아들 대를 끊었다며 원수 보듯 대하니 살맛이 안 난다고 했다. 자식이 애물단지라지만 자식이 있으면 원이 없겠단다. 예전의 발랄함이 걷힌 그녀의 얼굴이 몹시 푸석하고 초췌해 보였다. 그날, 우린 눈시울을 붉히며 저간의 뒤안을 수없이 넘나들었다. 우리들 마음이 한결 훈훈해지고 카타르시스도 맛보았다.

발품을 부지런히 팔며 사랑의 징검다리로 스무 해 넘도록 살아온 친구가 존경스럽다. 테레사 수녀처럼 가난한 이들과 고통을 나누려 뛰어다닌 그녀의 삶은 얼마나 감동적이었나. 헬렌켈러의 스승 설리번이 '그 뭣보다 가공할 적은 불우함이 아니라 잠재돼 있는 체념'이라고 했듯 시종 제자들을 위해 뛰어다니는 사랑의 징검다리는 얼마나 아름다운가.

내 친구는 타고난 스승이기도 했다. 자분자분 던지는 말 한마디에 모두가 넋을 잃고, 좌절의 늪에 빠진 청소년기 아이들의 꽁꽁 언 마음도 눈 녹듯 사라지게 했다. 그런데도 소외된 사람들을 위해 살겠다며 교직에 사표를 내고 이타적 삶을 위한 발품을 팔았다.

친구는 새삼 나를 돌아보게 한다. 그 사이 나는 어떤 징검다리라도 되어본 적이 있었던가. 아이들 키우랴 자식 노릇하랴 평범한 삶에 그냥 떼밀려 왔지 않은가. 이제부터라도 그녀의 가슴에 작은 기쁨 한 조각 건넬 수 있는 징검다리가 되고 싶다. 테레사 수녀의 말을 되새겨 본다.

"기쁨은 번지기 마련입니다. 그대가 가는 곳마다 항상 기쁨이 넘치도록 애쓰십시오."

한라산 까마귀

 한라산 성판악 코스로 족히 두세 시간은 걸었다. 궂은 날씨에 햇살이 비친다. 하늘이 곱다. 산철쭉과 털진달래, 작은 앵초는 더욱 고운 모습을 드러내고 있다. 이파리가 통통한 돌매화도 바위에 바짝 붙어 여름을 준비하고 있다. 겨울이 엊그제인 것 같은데 어느새 여름의 기운이 완연하다. 햇살이 따사롭게 내려와 사방을 감싸주니 땅 위에서 피어나는 생명이 보석처럼 빛난다.
 조금 전까지만 해도 비가 계속 내렸다. 아침에 멀쩡하던 날씨가 한라산에 오르기 시작하자 사방이 우중충해지면서 비가 쏟아지기 시작했다. 한라산은 변화무쌍하다. 날씨만큼이나 계절도 앞서거니 뒤서거니 한다. 여름에도 잔설이 있고, 가을을 뛰어넘어 겨울이 성큼 다가설 때도 있다.

한라산을 오를 때 비옷은 필수다. 일기예보와 달리 갑자기 비가 쏟아지기 때문이다. 앞서가는 일행 중에 온몸으로 비를 맞는 노인이 있다. 그가 오름 하나를 가리킨다. 중산간 마을이 사라진 4·3의 아픈 기억이 절절하다. 현장에 있던 사람들의 불안과 긴장은 가히 짐작하고도 남는다. 특히 산간 지대에 살던 사람들의 목숨은 경각에 달려 있었다. 낮에는 토벌대에, 밤에는 무장대에 쫓기는 나날이 오죽 불안했을까. 그들은 참혹한 역사의 현장을 똑똑히 지켜봤다. 모든 집에 불이 질러져 한 마을이 순식간에 초토화되고, 한 가족이 총살을 당하는 모습 말이다. 하루하루 살얼음판 걷듯 살다가 스러져간 양민들의 절규가 눈앞에 그려진다. 어디서 까마귀가 '꺼어 꺼억' 울고 있다. 침울한 분위기에 대장이 나선다.

"이 사람들아, 그래도 이번에 문 대통령이 '4·3 70주년 행사'에 참석했으니 그게 어딘가. 이젠 빨갱이 놈 새끼네, 폭도 새끼네 하는 소리가 사라질 테니 말야."

점심을 먹으려고 진달래밭 근처에 둘러앉았다. 우리도 붉게 물든다. 음식을 펼쳐놓는데 어디서 다시 "거어 거억, 꺼억 거거" 소리가 났다. 흘끔 올려다봤더니 까마귀 네댓 마리가 나뭇가지에 앉아 쳐다보고 있다. 까마귀를 가까이에서 보고 싶은 욕심에 김밥과 과일 조각을 깔개 끄트머리에 둔다.

큰 까마귀 두 마리가 유유히 날아왔다. 뒤이어 새끼 까마귀 셋도 사뿐히 내려와 앉는다. 하지만 누구 하나 음식에 손대지 않고 있다. 남의 깔개 위에서 먹는 게 염치없는 짓이라 저러는 걸까. 잠시 뒤, 늙수그레한 까마귀가 나타나 저쪽으로 힘없이 걸어간다. 그제서야 까마귀들이 음식 조각을 입에 물고 따라가지 않는가. 까마귀를 효조孝鳥라고 부르는 까닭을 알 만하다. 기특하다. 그런데도 사람들은 까마귀가 나타나면 불길하고 흉측하다며 내쫓는다. 어떤 선입견이 있어 그렇지, 알고 보면 영특하고 자태도 우아하다. 특히 한라산 까마귀는 윤기가 자르르하고 날갯짓도 목소리도 고급스럽다. 소음에 찌든 도시 까마귀들이 '까악 까악' 괴성을 내지르는 반면, 격조 높은 바리톤 음색을 지니고 있다.

한 친구는 선작지왓 너른 빌레 바위틈에 자라는 야생화에 반한다. 여기 야생화들은 왜 이렇게 납작 엎드려 필까, 왜 이파리와 꽃잎은 이렇듯 통통할까. 한라송이풀은 어떻고 한라솜다리는 어떻고…. 이 친구는 한라산에 서식하는 꽃 이름 앞에 왜 '한라'라는 접두어가 붙는지, 야생화의 생존 방식은 뭔지 모르는 듯하다.

한라산 식물들은 쉴 새 없이 불어대는 바람과 급격한 기온 변화, 척박한 토양을 극복해내느라 고군분투해야 한다. 암벽 가슴까지 파고드는 칼바람을 막으려면 납작 엎드려야 하고, 뿌리를 내리려면 목숨 걸고 바위를 부둥켜안아야 한다. 살아남기 위해 얼마나 몸부림쳤으면 저런 변종이 되었을까. 한라산 야생화는 혹독한 시련을 거쳐 피어났기에 바위의 눈물처럼 애처롭다.

까마귀와 야생화를 뒤로하고 다시 걷는다. 바람이 일렁이며 운무가 몰려오고 있다. 한 무리의 운무가 주위를 휘감는다. 금세 다른 운무까지 겹쳐 앞이 보이지 않을 지경이다. 한라산이 품고 있는 많은 오름과 너른 초원이 가려져 아쉽다. 삽시간에 먹구름도 하늘을 뒤덮으면서 싸락눈까지 희끗희끗 날리고 있다.

한 시간쯤 걸었을까, 눈은 비로 변했고 운무가 조금씩 걷히고 있다. 이제야 계단의 형체가 보인다. 산을 할퀴며 휘젓던 폭풍우도 누그러들었다. 그래도 언제 이변이 생길지 몰라 발걸음을 빨리 재촉한다. 숨이 차오르고 체력이 바닥나고 있다. 우르르릉~ 번쩍번쩍, 천둥에다 세찬 바람까지 가세한다. 입술이 바들바들 떨리고 사지가 오그라들었다. 성격이 걸걸한 A가 거칠게 소리친다.

"산신山神이 단단히 노하셨네. 누가 심기를 건드렸지? 야! 너 점심때 뭐 캤지?"

한 친구의 귓불이 발그레해진다. 야생초 몇 뿌리를 캔 죄가 그렇게나 엄중한 줄 몰랐을 게다. 제주 사람은 한라산을 신성시하여 함부로 캐지 않는다. 한라산은 평소에 고요하고 자애롭지만 화를 건드리면 해일보다 사납고 단호하다.

성판악 입구 가까이에 겨우 왔는데 까마귀 소리가 난다.

"우와아, 까마귀들이 여기까지 동행해 주네?"

자애로운 어머니 같은 한라산은 오늘도 우리를 꼭 품어 안았다. 세찬 폭우가 지나간 하늘에선 따사로운 햇살이 눈부시게 쏟아진다. 한라산 위로 무지개가 곱게 떠 있다.

고귀한 존재

파스칼은 그의 저서 『팡세Pensees』에서 이렇게 말했다. "인간은 한 포기 연약한 갈대에 지나지 않는다. (중략) 그러나 우주가 그를 쓰러뜨린다 해도 인간은 자기를 죽이는 자보다 고귀하다."

그렇다. 파스칼의 말대로 인간은 약한 존재지만 가장 고귀한 존재다. 독수리처럼 하늘을 날지도 못하고 사자처럼 용맹하지도 못하다. 하지만 보잘것없는 인간이 우주 전체보다 고귀하다고 말하는 이유는 무엇인가.

인간이 고귀한 건 오직 생각할 줄 알기 때문이다. 독수리가 아무리 날쌔고 사자가 아무리 용맹해도 인간처럼 사고할 수는 없다. 우주가 아무리 광대무변하더라도 우주는 생각하지 못한다.

낙원을 잃은 이후 인간은 우주를 알게 되면서 동시에 자신의 왜소함을 알게 되었다. '인간은 생각하는 갈대다.'라는 말은 인간의 실존적 모습을 잘 말해준다. 갈대는 힘없고 나약한 존재를 의미한다. 갈대는 바람에 흔들리며 이쪽저쪽으로 방향을 바꿀 수밖에 없다. 마찬가지로 인간은 상황의 변화에 따라 대처하면서 생명을 지켜나간다.

  인간은 불을 발견하고, 언어를 발명하고, 둥근 바퀴를 발명했다. 신화 속 프로메테우스는 미래를 보고 생각할 줄 아는 지혜를 가졌다. 제우스는 사람이 살아가는 데 가장 필요한 불은 주지 않았다. 프로메테우스는 제우스 몰래 회향나무 줄기에 태양의 불씨를 붙이고 세상으로 내려와 장작더미에 불을 피웠다. 장작은 활활 타오르고 사람들은 불을 사용하기 시작했다. 프로메테우스의 '생각'은 지상의 인간들에게 불을 사용할 수 있게 했다.

  프로메테우스는 '먼저 생각하는 자'라는 뜻이다. 그는 인간에게 불을 부여함으로써 축복을 가져다준다. 그는 원시생활을 하는 인간에게 사고와 이성을 가르친 스승이 되었다. 덕분에 인간은 새로운 세상을 열게 되었다.

  인간은 갈대와 같이 쉼 없이 흔들리는 유약한 존재였다. 갈대도 인간과 같이 자신의 울음을 삼키며 혼자 조용히 울고 있는 존재다. 갈대의 흔들리는 모습은 부대끼며 살아가는 나약한 인간의 모습을 닮았다. 신경림 시인의 표현대로 "산다는 것은 속으로 이렇게 조용히 울고 있는" 갈대와 같은 비극적인 모습인지 모른다. 기실 우리를 슬프게 하는 일은 저마다 가슴에 도사린 마음의 상처다. 모진 바람이 불어 닥치면 상처는 여지없이 아프다. 숨었다가 예고 없이 휘몰아치는 바람은 무섭기 그지없다. 마음이 여릴수록 상처는 가차 없이 흔들린다. 그러니 세상에 대해 지나친 과욕을 기대하지 마라. 배신당하여 슬퍼하고, 뜻밖의 이별에 아파하면서 힘들게 살아가는 자체가 모두 자신에게서 기인한 탓일지 모른다. 사람들은 흔들리는 갈대를 사랑할 뿐, 갈대를 모질게 흔들어대는 바람을 나무라지는 않는다.

어디론가 떠나고 싶어지는 가을이 오면 갈대가 나부끼는 들판으로 가보라. 그곳에서는 갈대와 하늘과 벌판만이 존재하는 드넓은 공간이 펼쳐져 있다. 갈대를 흔들어대는 바람은 차가운 기운을 뿜으며 우리의 몸과 마음에 와 닿는다. 가을바람에 흔들리는 갈대는 우리에게 속삭인다. 인간은 이 세상에서 가장 약하지만 가장 고귀하고 강한 존재라고.

일상의 미학

오후 두 시, 여느 때 같으면 넷플릭스 영화나 감상하고 있을 시간이다. 책상 앞에 우두커니 앉아 있다. 책상은 면벽面壁해 있고 사방엔 열두 달짜리 달력 한 장이 전부다. 이달 3일과 10일에 동그라미 표시가 되어 있다. 마음이 조급해진다. 모레는 서울행 비행기를 타야 하고, 열흘 이내에 원고도 송고해야 하기 때문이다. 어떡하지. 어느덧 내 나이 일흔, 예전에는 한꺼번에 해치웠던 일들이 몇 땀씩 느려져 한 가지씩만 처리해야 한다. 여동생은 우리가 65세에서 75세 사이의 젊은 노인(Young+Old), '욜드(Yold)'라서 그렇다나.

지금, 기로에 서 있다. 원고에 매달리느냐, 서울에 올라가느냐다. 하지만 막상 어느 하나를 택하려니 난감하다. 애당초 수필 청탁에 응하지 말았으면 좋았을걸. 그땐 석 달이 남아 있어 자신만만했다. 적당한 긴장감이 활기를 불어넣은 덕에 두 달 동안 읽은 책이 스물 댓권에 이르렀다. 급기야 글부터 써야겠다고 마음먹었을 즈음, 아들이 갑자기 들이닥친다. 걔가 머무는 스무날 남짓, 글쓰기는 언감생심 꿈도 못 꿀 일이었다.

노트북을 켜고 멍하니 있다. 왜 몇 줄이라도 메모해 두지 못했을까. 에잇, 무조건 써 내려가 보자. '타다다 탁탁, 타다다 닥' 열 손가락이 자판 위를 빠르게 오간다. 어느새 화면 가득 두 페이지를 넘겼다. 스크롤바를 쭉 내리며 읽어본다. 쓰다 보면 얼개가 잡힐 줄 알았는데 어림없다. 노트북을 탁 닫는다. 쥐뿔도 모르는 주제에 건방을 떨었다. 숨이 가쁘다. 긴 호흡으로 진정시키면서 찰리 채플린의 말을 위안 삼는다.

"인생은 가까이서 보면 비극이지만, 멀리서 보면 희극이다."

창을 등지고 세계지도가 펼쳐진 벽과 마주한다. 광목천에 총천연색으로 나라 구분을 해놓아 정겹다. 첫째와 셋째가 살고 있는 호주가 더 정겹게 다가온다. 암막 커튼을 드리우고 가부좌한 뒤, 눈을 감는다. 오늘 점심도 과식한 탓에 졸음이 몰려올지 모르겠다. 졸음을 물리치려고 넷플릭스 영화로 대체했는데 오늘은 명상에 들어가기로 한다.

얼마나 지났을까. 다리가 쩌릿쩌릿하다. 암막을 젖히자 책상 상단의 히비스커스가 눈에 들어온다. 넓은 이파리 사이로 보드라운 이파리가 나란히 올라와 있다. 야들야들하다. 꺾인 줄기 하나를 긴 유리컵에 꽂아뒀을 뿐인데 이렇게 자라다니.

사르르한 속 커튼 사이로 화단의 눈길도 여간 아니다. 밖으로 나가봐야겠다.

복도를 지나는데 오른쪽 창문 밖이 발그레하다. 저게 뭐야, 참꽃나무가 꽃을 피웠어? 뜨개질 커튼을 후딱 올리고 창문을 열자, 꽃들이 확 다가온다. 비 온 뒤라 온통 원색이다.

현관 옆, 참꽃나무 앞에 섰다. 진달래꽃보다 더 보드라운 꽃잎들이 막 피어나고 있다. '오 년 내내 누르죽죽 죽어가 하마터면 너를 베어낼 뻔했잖니.' 가슴 저릿하다. 양귀비가 옆에서 꽃잎을 나풀거린다. 새빨간 꽃물이 내 몸으로 스며드는 듯하다. 눈을 감고 자연에 몸을 맡긴다. 코끝을 스치는 로즈마리 향기와 나직한 소리들. 앞집에서 가르랑대는 고양이 소리, 옆집에서 아기 재우는 토닥임 소리, 나무에서 열매 쪼는 아기새소리….

시각에서 벗어나니 청각과 후각이 많이 열렸나 보다. '호로로~ 호잇' 청아한 소리에 하늘을 올려다본다. 휘파람새가 저 멀리 날아가고 있다. 그 순간 몸이 휘청, 가시에 찔렸다. 오, 사계장미 너였구나. 조만간 황금빛 장미가 피어나면 사람들 눈길을 붙잡겠지. 현무암으로 쌓아올린 나지막한 겹담도 장미가 매혹적으로 보이도록 한몫 톡톡히 한다.

아무리 매혹적인 장미라도 한철이 지나면 그뿐, 다음 계절에나 볼 수 있다. 이왕이면 외 손주들이 한국을 찾는 구월에 피어나면 좋으련만. 지난여름 발리와 멜버른에서 열 식구가

일상의 미학 141

함께 놀던 모습이 눈에 선하다. 손주들을 위해 심은 나무를 살펴본다. 첼시 나무(단감)와 리오 나무(홍시)는 기세 좋게 잘 자라고 있다. 비실대는 리나 나무에서는 복숭아 열매도 여태 콩알 크기다. 바람골인 울담 귀퉁이에 자리해서일까. 나무 팻말이 웅웅대는 바람에 마구 흔들리고 있다. 아토피를 앓는 리나 처지 같아 안쓰럽다.

물기가 배인 팻말을 거둬 현관으로 들어선다. 어디에 둬서 곱게 말릴까. 현관 옆, 미니카페가 환하다. 천창으로 들어온 한 줄기 볕이 궤 위에 놓인 요가 조각상을 비추고 있다. 내 모습이 겹쳐진다. 볕을 담으려 돼지들을 이리저리 옮기자 잠자던 먼지들이 깨어나 돌아다닌다. 동갑내기인 다섯 살짜리 둘이 장난을 치고 있다. 궤 위쪽에 걸린 수틀을 보면서 가슴 뭉클하고 짠해진다. 어머니 무릎에 누워 맡던 체취가 아직도 남아 있다. 추억은 나이를 먹지 않는가 보다.

몽환적인 카페에 4세대가 도란도란 모여 있다. 아무래도 서울행 비행기는 꼭 타야겠다. 어린이날을 오죽 기다리고 있을까. 출판사 측에는 염치 불고하고 양해를 구하는 수밖에.

홀가분한 마음으로 화장실에서 손을 씻는다. 창밖 텃밭에서 상추와 곰취, 머위와 돌미나리가 무럭무럭 자라고 있다. 하늘도 더없이 푸르다. 기다란 창이 있어 얼마나 좋은지. 가로는 사오십 센티 남짓이지만 세로는 바닥에서 천장까지다. 화장실에 반한 친구가 광고하고 다닌다. 화장실 바닥은 보송보송하고, 벽타일은 그리스풍이고, 소품들은 유럽풍이고…. 반면에 실용적인 친구는 구시렁댄다. 세면대에서조차 물을 튀기지 말아야 하고, 너무 개방적인 화장실이라 어정쩡하고, 집 내부는 좁은데다 칸칸이 미로처럼 숨어 있어 갑갑하고…. 단독주택을 지은 지 육 년, 남의 눈에야 어찌 비치든 내 눈엔 그저 예쁘기만 하다. 내부가 좁다지만 오히려 아늑한 공간이다.

내 방으로 들어와 속 커튼을 젖히고 창을 활짝 열었다. 공기가 좋은 날이라 바람 맛이 달다. 허리 통증으로 몸을 반듯하게 누인다. 높은 천장에서 자작나무 결이 흐르고 있다. 원목 그대로 다이아몬드 각을 형상화했기에 햇살에 따라 결이 달라진다. 특이한 천장과 달리 가구는 단출하다. 책상과 의자, 탁자와 안락의자, 그리고 침대가 전부니까.

비껴갈 듯하던 세월이 쏜살같이 달려들고 있다. 그럼에도 좋은 글을 쓰고자 아등바등하기 일쑤다. 문득, 어느 문학평론가의 "좋은 글을 쓰는 것보다 더 중요한 것은 자신의 인생을 잘 운전하는 것"이라는 말이 다가온다. 내 그림자가 천장에서 너울너울 춤추고 있다.

콩나무로, 콩나물로

 연구원 주변의 나무들이 유난히 햇빛에 반짝인다. 싱그러운 녹색이 전하는 평화로움에 한껏 충만해 있던 어느 날, 한 학부모와 얘기를 나누게 됐다.
 "아이 교육을 위해 직장까지 관두고 뒷바라지에 전념했건만, 아이는 게임에만 빠져 있어요. 궂은일 안 시키고 온실에서 곱게 키우고 있는데 이유 없이 소리를 막 질러댈 때는 눈물이 다 납니다."
 우리는 부모와 자식, 스승과 제자, 너와 나 사이 등 숱한 관계망 속에서 살아간다. 그 틈으로 희로애락은 물론 비바람이 들락거리고 찢길 때도 있다. 망이 뜯겨 된서리를 맞지 않으려면 간격을 잘 조절해 나가는 지혜가 필요하다.
 고슴도치처럼 온몸에 긴 바늘을 가지고 있는 '호저'가 있다.

이들은 추위를 견디지 못할 때 서로 몸을 기대어 온기를 나눈다. 욕심을 부려 너무 가까이하면 침에 찔려 상처가 나고, 너무 멀리 떨어져 있으면 추위를 견디지 못해 죽게 된다.

요즘 아이들은 자기중심적이고 참을성이 부족하다. 애들 탓만이 아니다. 옛날에는 아이들이 골목골목에서 뛰놀며 다투기도 하고 인내심도 배우면서 자랐다. 또한 대가족제도에서 밥상머리에 모여 앉으면 할머니에게 투정도 부리고 형제자매에게 자신의 얘기를 털어놓을 수 있었다. 하지만 지금은 한 가족이래야 기껏 서넛인데다 그마저 함께 둘러앉아 식사 한번 제대로 하기 힘든 세상이다. 아이들이라고 즐거운 일만 있겠는가. 분하고 억울한 일도 많지 않을까. 그런데도 속시원히 털어놓을 마땅한 상대가 없다는 점이 문제다. 결국 그게 쌓이고 쌓이면 분노로 표출된다.

우리 가정을 한번 들여다보자. 한 지붕 아래 살면서도 가족 간에 따뜻한 말 한마디 없이 제각각이다. 일주일에 하루만이라도 밥상머리에 앉아 교감을 나누는 시간을 가져보면 어떨까. 가족과 마주 앉아 아이들의 얘기를 끝까지 들어주면서 감정을 공유하다 보면 만사가 풀린다. 세상에서 가장 따뜻한 곳은 가족의 밥상이라 하지 않는가.

제주도교육청에서는 매주 수요일을 '밥상머리 교육의 날'로 정하여 그날은 행사도 가급적 피하고 가족과 지내도록 독려하고 있다. 가족이란 밥을 함께 먹는 사람인 '식구食口'로서 유대

감을 끈끈히 느끼게 하는 중요한 매개체다.

가족은 가까이 앉아 서로의 표정이나 눈빛을 함께 느끼고 때로는 툭 쳐보기도 하면서 부대끼는 사이다. 긁힌 자국이 있으면 보살피고, 기운이 없어 보이면 위로도 하면서 말이다. 대한민국 국민이라면 누구를 막론하고 교육 문제를 걱정한다. 그 문제만 나오면 전 국민이 한마디 할 정도로 관심과 식견이 높다. 하지만 정작 핵심은 간과하고 있다.

자녀는 부모의 뒷모습을 보고 자란다고 한다. 부모는 자신의 뒷모습을 보지 못해도 자녀는 보고 있음을 알아야 한다. 게임에만 빠져있는 것 같아도 다 지켜보고 있다. 그러기에 선생님들은 오늘도 바른 언행으로 제자들에게 모범을 보이려 노력한다.

교육을 지탱하는 힘은 수레바퀴 원리와 같다. 두 바퀴가 어느 한쪽으로 치우치지 않도록 학교와 가정이 나란히 중심축을 잘 잡아줘야 한다. 청소년들이 무슨 문제를 일으키면 언론에서는 '학교폭력' 운운하면서 공교육에 대한 불신을 드러낸다. 그나마 제주 학부모들은 공교육에 대한 신뢰가 남다르니 참으로 다행스럽다. 엊그제 만난 분들도 제주 교육 가족들의 높은 성과에 감격하고 있었다.

"수능성적 4년 연속 전국 1위 제주, 정말 대단하지 않나요? 중앙 일간지에도 대서특필하고 있을 정도로 전국적인 이슈잖습니까."

"전국 시·도교육청 평가에서도 작년에 1등 했잖아요. 아, 청렴도에서도 몇 년 동안 최우수 받았다던데, 선생님들의 노고 덕분에 우리 아들도 좋은 대학에 들어갈 수 있었습니다. 자취 생활을 하면서 고생깨나 하고 있습지요."

문득 정채봉 님의 '콩씨네 자녀 교육 이야기'가 귓가에 맴돈다.

"광야로 내보낸 자식은 콩나무가 되었고, 온실로 들여보낸 자식은 콩나물이 되었다."

콩나무와 콩나물 중 어떤 선택을 해야 옳을까.

이 설운 애기야 (제주어)

살당 보민 베지근흔 날도 이신 모냥이라마씀. 제주수필과비평작가회에서 특집으로 '제주의 바람'을 정ㅎ여신디 두어 둘이 확 지나불언예. 어느 날 편집위원이 "회장님은 테마수필 썸수가?" ㅎ난 금치락ㅎ여집디다. 회장 체면에 뭉 썽 안낼 수도 엇곡, ㄱ심 급급ㅎ연 이신디 하늘이 터져도 베룽흔 고망은 이선게마씀.

초상집에서 어머니 성님뻘 되는 친척 이모를 만나서예. 이모는 나 손을 덥석 잡고 반가왕ㅎ멍 영 말ㅎㅂ디다.

"요글렌 늬 글, 신문에서 못 보커라라. 닌 어떵ㅎ연 글을 경 잘 써졈시니?"

난 막 부치로왕ㅎ멍도 엄슬을 떨엇십주.

"아이고게 그런 말씀 마십서, 요새도 '제주 ᄇ룸'에 관한 글을 써사 흘 건디 셍각나는 거 엇엉 죽어지쿠다."

이모는 내 손을 잡아 이끌멍 이추룩 굴솝다.

"아고, 건 무신 말이고? 저펜더러 글라, 나가 ᄒ나 굴아주크메."

이모는 앚안 ᄒ숨부터 내쉬멍 올히도 ᄇᄅᆞᆷ에 와랑와랑 타오르는 새별오름의 '들불축제'를 못 보커라렌예. 아멩 굴아봤자 요즘 사름덜은 잘 모를 거옌 ᄒ멍, ᄇᄅᆞᆷ광 돌광 여ᄌᆞ가 한한ᄒᆞᆫ 이 섬의 굴곡진 역사를 풀어낟게마씀. ᄋᆞ디 오고셍이 웳 겸시난 잘덜 들어봅서.

사름덜은 4·3을 1948년 몇 월부터네 어쩌네 떠들엇주마는 피비린내 진동ᄒᆞᆫ 건 음력으로 무자년 시월부터엿저. 그땐 ᄆᆞ을 사름덜이 거의 ᄒᆞᆫ날ᄒᆞᆫ시에 죽어서이. 저 동펜이 북촌ᄉᆞ건부터 굴아주마. 거긴 끝은 날 집마다 식게를 ᄒᆞ는디 그날은 ᄆᆞ음이 하도 아팡, 다덜 ᄀᆞ심을 탕탕 치멍 피 울음 우느네.

어느 날 군경토벌대가 들이닥천 협상ᄒᆞ켄 꼬드기멍 운동장이 온 사름은 ᄆᆞᆫ 살려주크메 ᄒᆞᆫ 사람도 빠지지 말앙, 나오렌 헷주. 사름덜이 반신반의ᄒᆞ멍 수백 멩 모여드난 아멩이나 양 펜으로 줄 세웡 총 팡팡 내글겨신디, 그딘 어멍 젖 뿔던 물애기 ᄁᆞ지 이섯덴ᄒᆞ여. 지 ᄀᆞ심팍에서 물애기 잃은 어멍은 시체 더미 속에 묻혀잇당 살아나긴 ᄒᆞ여신디 정신 줄을 오꼿 놔부런게. 미청 멧 년 헤매당 숲에서 죽엇젠ᄒᆞ여라.

토벌대는 할락산 가차이 살던 중산간 사름덜을 폭도렌ᄒᆞ멍

이 설운 애기야 149

빨갱이 취급ᄒ여신디 나도 중산간이 살앗저. ᄊ락눈이 창호지 창에 빠득빠득 퍼부시는 날, 군인덜이 들이닥쳔 ᄉ나이덜은 믄 나오렌 ᄒ는 거라, 폭도덜이 끈차분 전깃줄을 잇을 거렌 핑곗 대멩. 다덜 고게 갸웃거리멍 나가난 운동장이 끌고 강, 믄 죽여불언게.

갑재기 팡팡 터지는 총소리에 놀란 여ᄌ덜이 우르르 달려강 보난, 눈 쌓인 운동장 가운딘 시벌건 피가 ᄀ득, 담 베락엔 모가지 분질러진 시벌건 동백꼿이 ᄀ득. 아무리 분시엇이 큰 늬 주만은 생각해보라, 눈이나 제대로 떵 봐져시크냐.

그눔덜은 그걸로도 모잘라신디사 밤읻 횃불 들렁 뎅기멍 집광 보리눌에 믄딱 불 살라불어시녜. 이녁 새끼덜 손 잡앙 굴속으로 도망친 사름덜은 몹씰 ᄇ름코지에서 슬 닥닥 털멍 벨 꼴을 다 내다봐사 헷주. 방금 도망쳐온 ᄆ을에서 불꼿이 하늘ᄁ지 벌겅ᄒ게 올라가멍 집덜은 폭삭폭삭 주저앚이는 꼴을.

불은 밤이 짚어갈수록 ᄇ름에 더 타올랑 온 섬읠 통채로 삼켜버릴거추룩 하늘로 하늘로 올라가난 대낮보다 더 훤ᄒ여낫저. 그날ᄄ라 날씬 무사 경 추워신디사, 이쪽의선 니빨 닥닥, 저쪽의선 불 와랑와랑….

ᄆ을이 통째로 ᄉ라지난 중산간 사름덜은 해벤으로 내려가시녜. 거지추룩 몸만 들렁 해벤이 내려가난 웃드르 폭도덜 내려왓젠ᄒ멍 눈꿀제왕 살아질 말이가. 춤당춤당 ᄉ나이덜이 우들락ᄒ영 ᄑ들락거려가민 할마님덜이 영 굴으멍 달래낫저.

"입 줌줌ᄒ라. 눈만 뽈롱 잘 떵 살암시민, 살아진다."

 살암시민 살아집주. 봄 가민 ᄋ름 오곡, ᄋ름 뒤엔 ᄀ슬광 저슬 오곡, 뜨시 봄으로 돌아가는 이치추룩예. 경ᄒ여도 잇날 말 듣당 보민 간담이 써넝ᄒ여져마씀. 우리, 억울ᄒ게 간 사름덜을 위ᄒ영이라도 호락호락ᄒ진 말게예. 그게 '평화의 섬'으로 가는 가차운 질이기도 ᄒ난마씀. 오늘 밤읜 ᄇ름코쟁이 소리 때문산디 이모가 남긴 말이 더 귓전에 울렸수다.

 "지금사 4·3 70주년 때 문재인 대통령도 왔다 갓고 올히 71주년인 이낙연 국무총리도 왔다 갓저만, 잇날엔 어디시난. 저주받은 불귀의 박토렌 ᄒ명 나랏님도 사름덜보단 곶자왈에 이신 물을 더 귀ᄒ게 여겻주. 우리 가족도 죽음 문턱을 수엇이 들락거렷주만, 정신 바짝 출련 발부리에 힘 꽉 졍 버텸시난 견뎌젓저."

 이모는 4·3 때 남편과 막내를 잃고 늡의 밧에서 품 팔앙 아이 셋 키원예. 이 섬의선 여ᄌ덜이 농사도 짓어수게. ᄉ나이덜은 4·3뿐만 아니라 일제 강점기에 북해도 탄광 징용이네, 남양군도 노무 징용이네 하간디 징용에 불려강 돌아오지 못ᄒ연마씀. 소나이덜이 귀ᄒ난 여ᄌ덜이 밤낮으로 농사에 매달령 살 수밖에 엇언예.

 홀어머니가 농사짓던 친구가, 자기넨 맨날 새벽부터 일어낭 밧에 나가낫덴 홉디다. 새벽이 깨어나기 싫엉 몽케가민 어머닌 영 골아낫덴예. "인칙 출린 생이가 버렝이 ᄒ나라도 더 봉가 먹은다." 경흔디 난 농사짓엉 살렌 ᄒ민 못살컵디다. 교육대학 뎅길 때 봉사활동이 소풍인 줄 알앙 ᄒ디 가십주. 흑교 버스에서 내리난 널르닥ᄒ게 펼쳐진 유채밧이 꼭 낙원 곹읍디다게. 경흔디 낙원이 웬 말이우꽈. ᄒ꼼 이성, 과랑과랑ᄒ 불벳디서 유채낭 베당 보난 천국이 지옥으로 오꼿 변해불지 안ᄒ니까? 허린 끈차짐직ᄒ고 종애영 둑지, 욮갈리까지 아파완예. 유채를 착착 베어 눅진 친구들은 저만치 가신디 나혼차 뒤처지난 배설 뽀땅 살아질 말이우까. 그 자리서 울멍 막 감장 돌아지커란게마씀.

다 큰 처녀가 울음 발탁도 못ᄒ곡, 어디레 곱아불고파도 유채낭이 이래착저래착 드러누워부난 곱을 디도 엇곡, 집이 가불젠ᄒ여도 질을 몰르난 막 서러원예. ᄀ만이 앚앙 눈물 훔치멍 이신디 누게가 "이 설운 애기야, 관덕청ᄭ지 데려다주크메 나영 곹이 글라." ᄒ지 안ᄒ니까. 올려다 보난 교수가 빙석이 웃으멍 서 이십디다.

그 ᄉ건 때문인진 몰라도 "자인 무남독녀라부난." ᄒ멍 흔동안 뒷말덜 하영 헷덴 ᄒ다. 난 그 말을 사십 년이나 지난 들엇수게. 황당ᄒ기 짝이 엇입디다. 뒷담화라는 게, 이녁덜끼리만 솔째기 걷는 거라부난 제 귀에 안들어완마씀게. 경ᄒ고 보난 머리에 떠오르는 욕이 잇수다. ᄋ섬이서 젤 심ᄒ 욕이 뭔지 알앖수가? "저 몽곳 놈!" ᄒ는 거우다. 그 욕도 뒤펜이서만 굴읍니다. 무사 몽고렌ᄒ 나랄 들먹염신지 잘 몰른 사름도 이실 거라예.

ᄇ름 신神은 원나라까지도 ᄇ름에 실렁 완, 백 년 동안이나 요 섬이 몽케게 ᄒ여서마씀. 원나라는 ᄋ딜 이녁네 직할로 만들엉 벨의벨 몹쓸 짓을 다ᄒ당 갓수다. 부녀자덜 겁탈을 드르에 탈 타 먹듯 헷덴 ᄒ난 섬찌그랑ᄒ여지지 안했수가? 여ᄌ덜이 물질ᄒ레 가거나 밧일ᄒ레 가민 그놈덜이 어디 곱앗당 덮첫덴 ᄒ염수게. 그 족속들이 오죽이나 짐싱 굳아시민 몹쓸 짓만 골랑 ᄒ는 사름안티 그자락 심흔 욕을 ᄒ여시쿠가. 영 ᄀ긴 뭐ᄒ우다만, 그 욕으로도 모잘라민 "저 몽곳놈 ×으로 맹글아 분 새끼!" ᄒ읍니다.

게나제나 그 몹씰 ᄇ름쏠을 맞으멍도 살당 보난 왕의 시절 이렌ᄒ는 ᄋ름도 와신게마씀. 아맹 난다 긴다 들음박질쳐봣자 빙빙 돌아가는 하늘 이칠 벗어날 순 엇입니다. 지독ᄒ 저슬 지나민 ᄋ름 오곡, 요름 가민 ᄄ시 저슬도 오곡마씀게. 경ᄒ난 ᄋ디선 ᄒ꼼이라도 거들먹거려가민 "분시엇이 놉드지 말라." ᄒ멍 머릴 콱 줴어박읍니께.

육지 사름덜은 우리안티 ᄇ름코쟁이추룩 스납덴ᄒ주마는 몰르는 말 말렌 ᄒ서. 태펭양 바당 ᄇ름이 스방이서 이녁마다의 ᄀ심에 들어간 만장기가 펄럭염서마씀. 그 덕에 ᄀ슴이 널널ᄒ영 겉모습은 거칠어도 ᄆ심은 구짝ᄒ니께. 뭐렌 뭐렌 ᄀ라도 ᄆ심 구짝ᄒ 게 젤이우다. ᄋ디선 새각시 구홀 때도 양지보다 ᄆ음씰 먼저 봐예. 양지가 암만 곱들락ᄒ민 뭐ᄒ니까,

ᄒᆞᆫ 둘 밖이 못 가는디. 오죽ᄒᆞ민 탐라 천지왕도 ᄆᆞ심이 구짝ᄒᆞᆫ 총맹 부인을 택ᄒᆞ여시쿠가예.

에에, 그만 설르쿠다. 하늘이서 할마님이 내려다보멍 영 글 암신게마씀.

"이 설운 애기야, 유식ᄒᆞᆫ 첵 ᄒᆞ지 말앙 그만 글으라."

제가 할마님추룩 귀가 베지근ᄒᆞ게 곧젠 숭내내어 봐신디 히어뜩ᄒᆞᆫ 소리만 하영 ᄒᆞ여진 거 닮수다.

이 철없는 아이야

 살다 보면 하늘에 별드는 날도 있는 모양이에요. 제주수필과비평작가회에서 특집으로 '제주의 바람'을 정했는데 두어 달이 후딱 지나버렸습니다. 어느 날 편집위원이 은근히 나서자 당혹스러웠지요.
 "회장님은 테마수필 안 내실 겁니까?"
 회장 체면에 뭉갤 수도 없고 가슴이 갑갑해 있는데, 하늘이 무너져도 숨 트일 구멍은 있는가 봅니다. 초상집에서 어머니 형님뻘 되는 먼 친척 이모를 만났는데 멀리서 달려와 손을 잡으며 무척 반가워하는 거예요.
 "요즘엔 네 글, 신문에서 못 보겠더구나. 넌 어찌 글을 그리도 잘 쓰는 게냐?"
 그 말이 민망하여 엄살을 떨었습니다.

"아이고 그런 말씀 마세요, '제주 바람'에 관한 글도 써야 할 건데 막막합니다."

"그게 무슨 말이냐. 저쪽으로 가자, 내가 말해줄게."

이모는 앉자마자 한숨부터 내쉬며 올해도 바람에 활활 타오르는 새별오름의 '들불축제'를 볼 수 없겠더랍니다. 아무리 말해봤자 요즘 사람들은 잘 모를 거라면서 제주의 굴곡진 역사를 풀어놓습니다. 여기에 고스란히 옮겨 놓을 테니 잘 들어보세요.

사람들은 4·3을 1948년 사월부터네 어쩌네 하면서 떠들지만, 피비린내가 진동한 때는 무자년 음력으로 시월부터였지. 그땐 마을 사람들이 거의 한날한시에 죽었다. 저 동쪽에 있는 북촌 사건부터 얘기해주마. 그 마을에서는 같은 날에 집마다 제사를 지내는데 그날만 되면 다들 가슴을 탁탁 치며 피 울음을 쏟아낸다.

어느 날 군경 토벌대가 들이닥쳐 협상하겠다고 꼬드기면서 운동장으로 나온 사람은 살려줄 테니 한 사람도 빠짐없이 나오라고 하더란다. 사람들이 반신반의하면서 수백 명이 모여들자 아무렇게나 두 줄로 세우고 총을 따다다닥 내갈겼는데, 거기엔 어미젖을 빨던 갓난아기까지 있었지. 자신의 가슴팍에서 아기를 잃은 어미는 시체 더미 속에 묻혀있다 정신 줄을 아예 놔버렸지 않았겠냐.

토벌대는 한라산 가까이 살던 중산간 사람들을 폭도라고 하면서 빨갱이로 취급했는데 나도 중산간에 살았다. 싸락눈이 창호지 창에 사락사락 내리던 새벽에 군인들이 들이닥쳐 남자들은 모두 나오라고 했지. 폭도들이 끊어버린 전깃줄을 이어야 한다는 핑계를 대면서 말이야. 다들 고개를 갸웃거리며 나가니까 운동장에 끌고 가서 모두 죽여버렸지 뭐냐.

갑자기 팡팡 터지는 총소리에 놀란 아줌마들이 집 밖으로 우르르 달려가 보니, 눈 쌓인 운동장 가운데엔 새빨간 피가 가득하고 담장 구석엔 목 부러진 새빨간 동백꽃이 가득했다. 아무리 철모르고 자란 조카지만 생각해 보렴, 눈이나 똑바로 뜨고 볼 수 있었겠는지 말이야.

그놈들은 그래도 성에 안 찼는지 밤엔 횃불을 들고 다니며 집들과 짚가리에 전부 불을 질렀지 뭐냐. 어린 자식 손을 잡고 급히 굴속으로 도망친 사람들은 매서운 고추바람 곳에서 몸을 덜덜 떨며 벌겋게 타들어 가는 마을을 지켜봐야만 했다. 불은 밤이 깊어갈수록 바람에 더 타올라 온 섬을 통째로 삼켜버릴 듯 하늘까지 올라가니 대낮보다 더 훤했지. 그날따라 날씨는 왜 그리 추웠는지 이쪽에선 이빨 다다다닥, 저쪽에선 불이 와랑와랑….

마을이 사라지니까 해변 동네로 내려왔는데 산에서 내려온 폭도라고 하며 얼마나 괄시를 하던지 눈칫밥 때문에 살지 못할 지경이었다. 참다못한 청년들이 화가 치밀어올라 바짝 달려들어 싸울라치면 할머니들은 이렇게 말하면서 달래곤 했지.

이 철없는 아이야 157

"입 다물라. 눈 똑바로 떠서 정신 바짝 차리고 살다 보면 살아진다."

맞습니다, 살다 보면 살아지지요. 봄이 가면 여름이 오고, 여름 뒤에는 가을과 겨울이 오고, 또 봄으로 돌아가는 이치처럼 말입니다. 그래도 옛날 말을 듣다 보면 가슴이 서늘해지곤 하지요. 우리, 억울하게 간 영령들을 위해서라도 호락호락하게 살진 말아야겠습니다. 그게 '평화의 섬'으로 가는 지름길이기도 하니까요.

오늘 밤엔 세차게 불어대는 바람 소리 때문인지 이모가 남긴 말이 더 귓전에 울립니다.

"지금이야 4·3 70주년 때 문재인 대통령도 오고, 올해 71주년엔 이낙연 국무총리도 왔다 갔지만 옛날엔 어림도 없었다. 저주받은 불귀의 박토라고 하면서 나라님도 제주 사람보다 제주말[馬]을 더 귀하게 여겼지. 전쟁에 내보내려면 오죽이나 말들을 우대했겠니."

이모는 4·3 때 남편과 막내 아기를 잃고 혼자 힘으로 아이 셋을 잘 키웠지요. 죽음의 문턱을 수없이 드나들면서도 발부리에 힘을 꽉 주고 농사를 지으면서 말입니다. 제주에서는 여자들이 농사짓고 살았습니다. 남자들은 4·3뿐 아니라 일제 강점기에 북해도 탄광 징용이네, 남양군도 노무 징용이네 온갖 징용에 불려 나가 돌아오지 못했으니까요. 남자들이 귀하니까 여자들이 밤낮으로 농사에 매달려 살 수밖에 없었습니다.

홀어머니가 농사짓던 친구, 자기네는 매일같이 별 보는 꼭두새벽에 일어나 밭에 나갔다고 합니다. 일어나기 싫어 늑장을 부려가면 어머니가 이렇게 말했다고 해요. "일찍 나선 새가 벌레 한 마리라도 더 주워 먹는다." 하지만 난 농사짓고 살라고 하면 못 살겠습디다. 교육대학에 다닐 때 봉사활동을 갔더랬지요. 학교 버스에서 내리니 넓게 펼쳐진 유채밭이 낙원 같았습니다. 조금 뒤 쨍쨍 내리쬐는 불볕에서 유채를 베다 보니 금세 지옥으로 변해버리지 않겠습니까. 허리는 끊어질 듯하고 종아리와 어깨, 옆구리까지 견디기 힘들 만큼 아프더군요. 거기에다 유채를 삭삭 베어 눕힌 친구들은 벌써 저만치 갔는데 혼자 뒤처지니 그게 또 얼마나 창피하던지요.

다 큰 처녀가 함부로 울지도 못하고, 어디 숨어버리고 싶어도 유채가 이리저리 누워버려 숨을 곳도 없고, 집에 가고 싶어도 길을 모르니 서러울 수밖에요. 가만히 앉아 훌쩍거리고 있는데 누가 나타났습니다. 고개를 들어보니 교수가 빙그레 웃으며 서 있었습죠.

"이 철딱서니 없는 아이야, 관덕정까지 데려다줄 테니 어서 가자."

그 사건 때문인지 몰라도 "쟤는 무남독녀니까." 하면서 한동안 뒷담화 무성했대요. 그 말을 사십 년이 지나서야 듣고 얼마나 황당했는지 모릅니다. 뒷담화라는 게, 저들끼리만 소곤거리는 말이니 제 귀에 들릴 리 있었겠습니까. 그러고 보니 얼른 떠오르는 욕이 있습니다. 제주에서 가장 심한 욕이 뭔지 아십니까? "저 몽골 놈!" 하는 거예요. 그 욕도 뒤에서만 몰래 합니다. 왜 몽골이라는 나라를 들먹이는지 모르겠지요?

바람의 신神은 원나라까지도 바람에 싣고 와 백 년 동안이나 제주에 머물게 했습니다. 원나라는 여기를 자기네 직할로 만들어 별의별 몹쓸 짓을 다하다 갔지요. 부녀자들 겁탈을 들에 널려 있는 산딸기 따 먹듯 했다고 하니 섬찟하지 않습니까. 여자들이 물질하러 가거나 밭일을 하러 가면 그놈들이 어딘가 숨어있다 갑자기 덮쳤다고 합니다. 그 족속들이 오죽이나 짐승 같았으면 몹쓸 짓만 골라 하는 사람한테 그리 심한 욕을 했겠습니까. 이런 말 하기는 좀 껄끄럽습니다만, 그 욕으로도 모자라면 "저 몽골놈 ×으로 만든 새끼!" 라고 합니다.

그나저나 그 혹독한 바람 살을 맞으면서도 살다 보니 왕의 시절이라는 여름도 오긴 왔네요. 아무리 난다 긴다, 뛰어 봤자 빙빙 돌아가는 하늘의 이치를 벗어날 순 없습니다. 지독한 겨울이 지나면 여름이 오고 여름이 가면 다시 겨울이 오지요. 그래서인지 제주에서는 조금이라도 거들먹거리면 "철없이 날뛰지 마라." 하면서 머리를 콱 쥐어박습니다.

육지 사람들은 우리한테 바람 곳처럼 사납다고 하지만, 모르는 말입니다. 태평양 너른 바람이 사방에서 쌩쌩 불어 저마다의 가슴에 쏙쏙 들어와 있습니다. 제주 사람의 가슴속엔 만장기가 펄럭이고 있지요. 그 덕에 가슴이 널널하여 겉모습은 다소 거칠게 보여도 마음은 반듯하답니다. 뭐니 뭐니해도 마음 반듯한 게 제일이지요. 여기서는 새색시 구할 때도 얼굴보다 마음을 먼저 봅니다. 얼굴이 아무리 예쁘다 한들 뭐합니까 한 달 밖에 못 가는데요. 오죽하면 탐라천지왕도 마음 반듯한 총명 부인을 택했겠습니까.

아, 여기서 맺을게요. 하늘에서 우리 할머님이 내려다보면서 타이르십니다.

"이 철없는 아이야, 조조조조 그만하고 유식한 척도 그만하라."

제가 우리 할머님처럼 귀 솔깃하게 말하려고 흉내내어 봤는데 쓸데없는 소리만 잔뜩 늘어놓았습니다.

4부

생명의 신비
어머니 꽃 구절초
시계꽃
숲으로 창을 내야지
짐 내려놓기
아름다운 뒷모습
마음 다스리기
산을 오르며
순천만 갈대
자귀꽃 피던 시절
곶자왈의 비명

생명의 신비

 봄철이 되면 제주에서는 고사리를 꺾으러 달려간다. 여자 셋이 어느 목장 근처에 어렵사리 도착했다. 지인이 아무한테도 알려주지 말라며 살짝 귀띔해준 장소다. 오름을 배경으로 펼쳐진 너른 들판에 들어서자 상쾌한 바람이 살랑인다. 새소리가 청아하다. 들숨 날숨을 깊고 길게 쉬면서 몸 안을 정화시킨다. 이슬이 곳곳에 맺혀 있다. '장화를 신고 오기를 잘했네.'
 여명이 부유스레하게 밝아 온다. 새벽 다섯 시, 열댓 명이 벌써 와 있다. 대체 몇 시부터 꺾었기에 자루가 벌써 저리 불룩한가.
 밤사이 내린 비로 고사리들은 살맛나는 세상을 만난 듯하다. 도톰히 살을 찌우고 자라난 고사리가 도처에 널렸다. 서울에서 내려온 친구는 연신 환호를 질러댄다. 가시덤불 사이에서 통통하고 기다란 고사리를 한 아름 꺾으며 신바람이 났다.

들판 여기저기를 누비다 보면 심마니가 된 듯싶다. 낮은 자세로 앉아 느긋하게 기다려야 고사리가 시야에 들어온다. 바람결에 흔들리며 꼼지락거리는 모습이 얼마나 앙증맞은지. 자연에 순응하며 견뎌 온 세월에 경의를 표한다. 저를 보라는 듯 자신의 생명력을 과시하며 꼿꼿이 서 있는 고사리들.

고사리는 열두 형제라고 한다. 꺾인 자리에서 열두 번씩이나 날마다 꿋꿋하게 자라나기 때문이다. 고사리는 절개, 충의와 관련이 깊다. 중국의 은나라가 주나라에 망하자 백이와 숙제는 산속으로 들어가 고사리만 먹으며 절개를 지켰다고 한다. 고려의 정온이라는 사람도 나라가 망하자 지리산의 고사리로 연명했다.

생명은 신비에 싸인 외경의 대상이다. 이들은 수십억 년이라는 세월 동안 놀라운 진화를 거듭하며 살아남았다. 생명의 신비다. 인간도 수억 분의 일이라는 경쟁을 뚫고 태어나 치열하게 몸부림치며 살아낸다. 어떤 고난에도 우뚝 일어나 존재를 알리는 생명,

집에 돌아와 배낭 가득 채운 고사리를 풀어놓는데 제법 많다. 꽃이 핀 부분은 바스러뜨린다. 일일이 손질하여 끓는 소금물에 데치고 다시 찬물에 담그는 일을 반복하려니 허리가 휜다.

밤에 잠자리에 들었다. 바람결에 일렁이며 손짓하던 고사리

의 모습이 눈앞에 있다. 모처럼 기분 좋은 하루다. 생기를 온몸으로 마신 날, 오늘은 숙면을 취할 수 있으려나.

어머니 꽃 구절초

　무르익는 가을과 함께 산행에 나섰다. 꽃들도 무르익어 간다. 산비탈과 숲길에는 한 시절의 화양연화를 마무리하겠다는 듯 야생화들이 옹기종기 모여 있다. 꽃들이 엮어내는 빛깔은 저마다 다른 모습이다. 같은 노랑이라도 이른 봄에 피어나는 복수초와 가을 산자락에 무리 지어 핀 산국의 색깔은 다른 느낌으로 다가온다. 봄꽃과 달리 가을꽃은 어딘가 쓸쓸함과 외로움을 지닌다. 산국·쑥부쟁이·한라구절초·야고…. 눈앞에 보이는 꽃들을 하나하나 불러 본다. 어린 시절 선생님이 이름을 불러주면 힘차게 손을 들어 화답했듯, 꽃들도 이름을 불러주면 환한 얼굴로 화답하는 듯하다. 꽃들도 누군가를 기다린다. 가을 햇살이 눈부시게 쏟아지고 있다.
　누군가 쑥부쟁이와 구절초를 어떻게 구분하느냐고 묻는다.

'꽃 박사'로 불리는 지인이 나섰다. "쑥부쟁이는 한 꽃대에 은근한 보랏빛 꽃이 여러 송이 달리고, 구절초는 한 꽃대에 한 송이씩만 피는 하얀 꽃"이라며 어깨를 으쓱한다.

야생화들이 작고 여린 잎으로 땅에 납작 엎드려 있다. 햇살은 조금씩 여위어 가고 가을도 저물어간다. 어딘가로 돌아가야 할 채비를 하는 모습이 애잔하다. 가랑비에 젖어 애처롭다.

아홉 개의 아픈 마디를 가진 구절초는 꽃을 진중하게 피우고 가을의 끝자락까지 남아 있다. 화려한 빛깔의 단풍에도 기죽지 않는 의연함은 어디에서 오는 걸까. 조용히 숨어 지내면서도 기품 있는 어머니 같은 한라구절초를 바라본다. 한라산 깊숙한 곳에서 피어나는 한라구절초는 서늘한 향기가 은은하다. 아직 지지 못한 구절초 꽃잎이 늦가을과 함께 외롭게 매달려 있다.

산등성이 외진 곳에서, 오름 모퉁이 둔덕에서 겨울을 맞는 하얀 꽃은 너무 아름다워 서럽다. 입동이 가까워 어깨를 움츠리게 하지만, 가을을 마감하는 구절초는 어머니 같아 눈물이 난다. 겨울 초입에 곱게 피어 청아한 모습으로 서 있다. 흰 앞치마를 두르고 우리가 보이지 않을 때까지 손을 흔들며 서 있던 어머니 같은 구절초. 사람들이 왜 구절초를 '어머니 꽃'이라 부르는지 알겠다.

너무 맑아 아픈 꽃 구절초. 이제 한겨울이 오면 어떻게 견디려나.

시계꽃

 머리끝부터 발끝까지 모포를 감싸고 누워 있다. 태고의 시간 속에서 휴식을 취하는 중이다. 요가를 마무리 짓는 평화로운 시간, 이때는 어떤 잘못도 용서된다. 미움이나 괴로움이 승화되는 느낌이라고 할까.

 십여 분의 휴식이 끝나면 보이차를 마신다. 찻주전자에서 잔으로 길게 내려오는 찻물 속으로 미네랄이 흘러들고 있다. 맛과 향이 입안에 감긴다. 감미롭다. 보이차가 온몸 구석구석을 지나는 중이다. 차를 조용히 마시는 얼굴마다 예수님의 사랑이 흐르고 있다.

 침묵을 깨고 텃밭 농부 A가 말을 꺼낸다. 그러자 화답하는 명상가 B.

 "비가 연일 내려 야단이네. 오늘은 햇빛이 비치려나? 예보가 자꾸 틀리니 나가는 길에 시계꽃이나 살펴봐야지."

"그게 시계꽃이라니! 예수님 면류관처럼 생겼던데요?"

수많은 꽃이 피었다 진다. 수많은 별이 나타났다 사라지듯 내 눈에 띄지 않는 꽃도 많다. 내 열정과 사랑을 남들이 몰라주듯, 무심코 지나친 꽃들이 얼마나 많았겠는가. 오늘은 이 꽃을 꼭 봐야겠다. 대체 어떻게 생겼기에 시계 같다느니, 가시 면류관 같다느니 한단 말인가. 궁금하다. 요가원을 나설 때 A를 따라 갔다. 울타리에 꽃은 보이지 않고 덩굴식물만 길게 뻗어 있다.

"꽃은 없고 봉오리만 보이니 오늘도 글렀군."

내 눈엔 봉오리조차 보이지 않는다. 가까이 다가가 찬찬히 살폈더니 무성한 이파리와 동색인 봉오리가 여기저기 움츠려 있다. 아쉬운 마음으로 돌아서려는 그때, 넝쿨들 사이에 보라색 꽃이 몇 송이 피어 있지 않은가. 눈을 바짝 들이댔다.

이건 영락없는 시계잖은가. 꽃 중앙에서부터 시침과 분침, 초침이 부챗살처럼 퍼져 있으니 말이다. 그에다 괘종시계 추를 상징하는 듯한 페달이 꽃 밑에 달려 있다.

꽃 색깔의 배열도 얼마나 놀라운지 입이 떡 벌어진다. 꽃 테두리는 진보라색에서 안쪽으로 보라 파랑 노랑 하양 순으로 동심원을 이루고 있다. 꽃의 은밀한 중앙에는 청보라를 바탕으로 자주색 띠가 선명한 빛을 띠면서 화려하게 자리잡았다. 오, 이 찬연한 빛깔에 흔들리지 않을 자 그 누구이뇨. 마침 기다란 꽃술들이 말미잘처럼 은밀한 곳에서 흐느적대고 있다. 한 시간여 머무르는 동안 꽃 몇 송이가 더 피어났다.

꽃에 반한 그날부터 시계꽃을 찾아 나선다. 어느 날, 사람 키만 한 시계꽃을 분양 받아 울타리 밑에 심었다. 덩굴을 뻗으며 쑥쑥 자라 얼마나 대견하던지.

시계꽃은 어떤 날, 고행의 길을 걷는 듯 애처롭게 보일 때도 있다. 그러게 이 꽃을 처음 발견한 유럽 탐험가들이 '예수의 가시관과 십자가 위에서의 수난이 떠올랐노라.'고 말했나 보다. 예수 꽃이라고 생각하면 꽃받침도 특이하긴 하다. 열매를 받쳐줄 때는 이중 구조로 변한다. 어긋난 열 개의 받침이 영글어가는 열매를 끝까지 지키겠노라 무장하여 호위 무사를 연상케 한다.

이런 이야기도 있다. 예수가 십자가에 못 박혀 죽은 골고다 언덕에서 풀이 돋아났고, 그 풀은 하염없이 제 몸을 감으며 줄기를 뻗어 꽃을 피웠다. 꽃은 예수그리스도를, 덩굴손 줄기는 예수를 묶은 밧줄을 의미한다는. 시계꽃이 '열정의 꽃'으로도 불릴 만하다.

오늘도 시계꽃에서 고행과 수난이 언뜻 스쳤다. 신비스럽다. 모든 비밀스러운 시간까지 품은 듯 예사롭지 않다. 내 미래도 알고 있으려나.

시계꽃은 시간 속을 활발히 넘나든다. 지금도 재깍재깍, 열심히 열정적으로 살고 있다. 얼마나 아름다운가. 반면에 내 열정은 온데간데없이 사그라들고 있다. 느릿한 아날로그의 삶이 그리워지는 날이다. 시계꽃이 다가와 귓전에 대고 속삭인다.
"유아 세례를 받은 당신, 성스러운 시간이 자꾸 흘러가고 있어요. 가슴속에 새로운 열정을 품고 우뚝 일어나 보세요. 재깍재깍…."

숲으로 창을 내야지

 절기가 하지夏至로 향하고 있다. 여름 기운이 더위의 능선을 가파르게 기어오른다. 난대림 군락지 납읍 금산공원을 거닐고 있다. 비가 한차례 퍼붓더니 새벽 숲에 안개가 피어오른다. 숲속에 정령이 내려와 사뿐 다가선 듯 후박나무, 종가시나무, 곰솔나무에 영령이 서려 있다. 한줄기 바람이 지날 때마다 나뭇잎은 물방울을 털어내느라 살랑거린다. 나무와 들풀들의 숨결에 솔향기의 향내가 짙고 알싸하다.
 삼림욕의 알짜배기 피톤치드. 어떤 이는 꿀에서 나는 향 같다고도 하지만, 알고 보면 적으로부터 자신을 방어하기 위해 내뿜는 물질이다. 만약 이런 독성 물질이 식물에게 없었다면 보드레한 새싹은 온갖 적에게 뜯겨 온전했을 리 없다. 이제 막 피어나는 잎눈과 꽃눈이 사뭇 앙증맞다.

안개가 촉촉이 스민 나무들의 비색秘色과 편백나무의 싱그러운 기상에도 반한다. 아, 이 향긋한 향과 신비로운 기운, 안정을 선사하는 피톤치드가 숲 안에 가득하다. 발밑에 수북이 쌓인 낙엽들. 하지夏至도 되지 않은 절기에 낙엽이 쌓이면 육지 사람들은 의아스러운지 우리를 쳐다본다. 사계절이 공존하는 곶자왈 습지대를 선뜻 받아들이지 못해서다.

제주 사람들은 자연의 숨결로 뒤덮인 곶자왈을 즐겨 찾는다. 곶자왈에 오면 찌든 감각들이 살아나는지 눈이 밝아지고 귀가 맑아진다. 숲은 마치 신의 손길 같다. 걷다 말고 나무 평상에 팔베개하고 비스듬히 누웠다. 풀 향기를 잔뜩 머금은 음이온이 수피樹皮와 나뭇잎 사이로 흩날리고 있다. 숲 가득 번지는 생명의 소리들. 귓전으로 흘러드는 풀벌레들 소리가 끈끈하다. 한 놈이 시작하고 또 한 놈이 바통을 이으면 순식간에 무대가 차려진다. 높고 낮게, 길고 짧게 온갖 소리가 화음을 이루어 넘실거리고 있다. 저마다 음색과 고유한 음역으로 축제가 무르익는다. 자연의 심포니다. 오감이 살아나는 충만한 새벽 시간. '주여, 제 잔이 넘치나이다.'

아침 일곱 시, 서서히 운동장으로 가 봐야겠다. 평상에서 일어났다. 푸드득. 꿩이 홰를 치며 화들짝 놀라 날아오른다. 동시에 나뭇잎들이 차르르르 떨어지고 산새 몇 마리도 날아가고 있다. 미안하다, 다 겪으면서 크는 거야.

주말 캠프로 학교에서 일박했다. 잠을 거의 못 자서 두통이

왔는데 지금은 사라졌고 충혈되었던 눈도 맑아진 듯하다. 자연이 내뿜는 청정에너지가 보약이 되었으리라. 자연을 끼고 걷는 게 보약보다 낫다. 동의보감에도 '약보보다는 식보가 낫고 식보보다는 행보가 낫다.'고 하지 않았던가. 내게 보행은 더할 나위 없는 운동이다. 굳이 벗이 없어도 될뿐더러 혼자 얼마든지 할 수 있으니 말이다. 날씨가 좋아지면 맨발로 흙을 밟으며 걸어 보리라. 누군가 '이제 두 발은 신체를 떠받쳐주는 역할만 하고 있다.'고 개탄했다. 웃어넘길 일이 아니다.

여덟 시가 가까워져 오자 아이들이 학교 운동장으로 나온다. 캠프 프로그램에 동네 한 바퀴를 도는 일정이 있어서다.

고학년 아이들과 농촌 마을을 돌다 마당의 텃밭에서 고랑을 내고 있는 아줌마를 보았다. 돌담 너머로 보이는 모습이 어찌나 소박하고 야채들이 탐스럽던지. 고개를 빼고 한참이나 들여다보자 아줌마가 "부러우세요?" 했다. 텃밭에서 무농약 푸성귀를 가꾸니 얼마나 낭만적이냐고 했더니, 꿈 깨란다. 잡초와의 전쟁이 만만찮고 푸성귀도 농약 없이는 감당하지 못한단다.

언젠가 숲으로 창을 낸 통나무집을 짓고 살아 보련다. 피톤치드 가득한 곳에 사노라면 그 신선한 기운만으로도 풋풋한 삶을 누릴 수 있지 않을까. 나무 위에 앉은 새들이 화답이라도 하듯 재잘거린다. 어느새 해가 제법 붉게 상기되어 있다.

짐 내려놓기

여고 동창생들과 모처럼 동행하는 날이다. 밤새 들떴는지 집결 장소에 꽤 일찍 도착했다. 벌써 몇몇이 한발 앞서 도착하여 짐들을 풀고 있다. 웬 짐들이 그렇게나 많은지 깜짝 놀랐다. 점심은 식당 예약이 됐다기에 생수 한 병만 달랑 들고 나왔는데 민망하다. 승용차에도 음식이 잔뜩이다. 서른 남짓의 봉지에 담겨진 음식들. 샌드위치, 오메기떡, 과일, 초콜릿, 사탕…. 고맙기 이를 데 없지만 여간 머쓱한 게 아니다.

나누어 준 음식을 배낭에 담고 출발! 잔뜩 찌푸린 하늘에서 안개비가 내린다. 바람도 만만찮게 위세를 떨치고 있다. 승용차 몇 대를 줄 세워 관음사로 가던 도중, 노꼬메오름으로 방향을 틀라는 선두 차의 지시가 떨어진다. 궂은 날씨 때문에 관음사 코스가 통제되었다는 전언이다.

노꼬메로 향한다. 창밖으로 초록 융단을 깐 것 같은 목야지가 눈 시리게 펼쳐졌다. 망아지들이 어미 곁에서 한가로이 풀을 뜯는 풍경이 가히 목가적이라 할 만하다. 평화롭다. 동창들과 가는 길이라 더 들떴나 보다.

노꼬메오름을 오르기 시작. 안개가 끼어 있어 신비경을 자아내고 있다. 이백의 도화원에 비견할 만한 정경이다. 얼굴을 촉촉이 적셔주는 운무에 더해, 살짝 스치는 여름바람이 온몸에 감겨 온다. 산기슭의 식물들에서는 야성의 풀 냄새가 물씬 풍기고, 안개 무리는 군무하듯 너울너울 몰려다닌다. 다들 문명 이전의 원시적 환상에 젖어 있다.

오름 꼭대기에 올라서는 눈 아래 펼쳐진 풍경을 볼 수 없어 아쉬웠다. 하지만 신선의 세계에 빠져든 듯 신비감에 마냥 빨려들었다. 안개는 추한 데를 얇고 보드레한 천으로 살짝 가려 아름다운 자태로 바꿔놓는 마력을 지녔음이 틀림없다. 인간관계도 마찬가지 아닐까. 속속들이 드러내기보다는 어느 구석은 적당한 베일로 가려주는 사이가 바람직할 듯싶다.

물 머금은 산자락 풍경이 촉촉해서 좋다. 가파름과 평지, 하늘과 바다, 오름과 산마을이 오르내리는 아기자기한 변화, 묘미가 따로 없다. 신선의 평상에 음식을 펼쳐놓는다. 따끈한 커피 향이 도는 가운데 매실주도 한 순배 돌아간다. 지나던 남자 일행이 한 축 끼워 달라며 너스레를 떨고 있다. 까르르 웃음소리가 굽이치는 가운데 우리는 서로를 바라보며 또 한바탕 깔깔

짐 내려놓기 177

댔다. 다들 물에 빠진 생쥐 꼴이니 말이다. 아침에 보던 화장발 얼굴은 온데간데없다. 산이어서 그런가, 화장기 지워진 생얼굴이 풋풋하고 훨씬 살가워 보인다.

아, 학창시절이 그립다. 뽀얀 얼굴로 나뭇잎만 굴러가도 배꼽 잡아가며 웃던 말괄량이들. 놀라운 일은 더께가 앉은 모습이 십 대 소녀 얼굴로 되살아나고 있다는 사실이다. 야릇한 감회에 젖는다. 세월이 덧없다. 나이가 깊어지면 내면도 익어 가리라 기대했지만 부질없음을 아는 나이에 이르렀다. 나이에 비례해 세월의 가속도가 붙는다는 사실만 절절히 느끼고 있다. 영원히 함께할 듯싶던 부모님과의 이별도, 자식들을 성인으로 키운 세월도 지나고 보니 한순간이다. 이제 가족과 함께할 수 있는 시간조차 그리 길지 않다.

남아 있는 시간이 아쉽다. 한정된 시간, 실속 있게 사용하려 한다. 가능한 다른 사람의 일에 참견하지 말아야지. 주인공이 될 때는 주인공으로, 객석에 있을 때는 관객의 역할만 해야지. 상처를 어루만지고 감싸면서 깃털처럼 가볍게 살아야지.

그러고 보니 오늘 산행에서 우리의 화두는 하나로 모아졌다. 등에 진 짐 내려놓기!

아름다운 뒷모습

 억지로 들으려 하지 않고 그냥 조용히 있으면 들리지 않던 소리가 들린다. 귀와 입을 닫는 행위는 소극적인 듯하지만 적극적이고, 수동적인 듯하지만 능동적인 행동이다. 마음으로 느낄 수 있다는 사실은 얼마나 소중한 일인가.
 어느 날 문득 언젠가의 사람들이 생각날 때가 있다. 그 속에서 내가 어떤 존재였던가 생각해 보게 된다. 칭송의 대상까지는 아니더라도 거부감의 존재로 남아서는 안 된다는 심정으로 살아왔다. 앞면의 화려함에 쉬이 끌리지 않는 편이다. 거리를 둬 멀리서만 보다 어쩔 수 없이 가까이 가 보면 실망하는 경우가 적지 않다. 뒷면이 아름다운 사람들과의 기억은 좀처럼 사라지지 않는다. 타인의 진정한 모습을 보았을 때의 기쁨을 잊지 못하고 있다. 사람들이 쉽게 보지 못하는 깊은 내면을 가진 뒷모습이 진짜 참모습이 아닐까.

터키의 이스탄불은 항상 몽환적이고 환상적인 도시로 생각된다. 이국적인 도시에 관한 글을 읽으면서 '동서양 문화의 접목이란 과연 어떤 것일까'였다. 기독교와 이슬람이라는 두 문화의 교접은 어떠한 모습을 띠고 있을까 하는 궁금증도 지울 수 없었다. 터키에 대한 깊은 인상은 재래시장과 뒷골목, 지하철에서 만난 사람들을 통해서였다. 동양인도 서양인도 아닌 터키 남자들의 짙고 푸른 눈을 바라보면서 묘했다. 길모퉁이에서 그들이 즐겨먹는 케밥을 함께 먹으며 그들의 진솔한 삶이 실감나게 다가왔다. 그 순간의 기억은 내 기억 속에 깊이 남아 있다.

사십여 년을 교직 생활하면서 후손들의 좀 더 나은 미래를 위해 고민하는 '참 나'로 남아야 한다고 생각해 왔다. 사람들은 업적에 대한 평가에도 관심이 많지만, 떠나는 뒷모습을 보면서 진정한 평가를 내린다.

얼마 전 세계인의 주목을 받으며 우리 곁을 떠난 남아공의 대통령 넬슨 만델라를 보라. 지도자로 계속 남아달라고 부탁했지만 후진을 위해 자신은 떠나야 한다며 표표히 물러났다. 만델라가 보여준 모습은 많은 사람을 감동시켰다. 그는 "이제 고향으로 돌아가 나를 키워준 계곡과 언덕, 시냇가를 거닐고 싶다."고 말했다. 사람들은 삶의 마지막 순간에 지난 세월에서 누렸던 햇살의 따스함, 계곡과 시냇물이 여전히 자신을 감싸고 있음을 인식한다고 한다.

그는 남아공을 자유와 평화의 유산으로 남긴 지도자로 영원히 남게 되었다. 그처럼 뒷모습이 아름다워야 함에도 많은 정치인들은 그렇지 못한 경우가 다반사다. 삶의 모든 분야에서 진짜 훌륭한 사람은 등장할 때와 떠날 때를 가릴 줄 아는 사람이다. 용퇴를 분명히 하는 사람이 많을수록 더 활기차고 건강한 사회라 할 수 있다. 우리 역사에서도 떠날 때 아름답게 떠나지 못해 생겨난 비극이 한두 번이었던가. 힘 있는 자리에 앉으면 떠나기 힘든 일이지만, 그 자리에서 분연히 물러나는 결단이야말로 참 용기다.

업적이 아무리 훌륭하더라도 뒷모습이 아름답지 못하면 비난을 받는다. 모든 일에 있어서 결말을 잘 짓는 일이 중요하다. 중국 시인 도연명은 태수의 자리를 물러나 고향으로 돌아가려고 〈귀거래사〉를 지었다. 내려올 때를 아는 분별력과 결단력은 사회를 위해서도 값진 가치다.

최선의 노력을 다하고 깨끗이 떠나는 모습을 보면서 사람들은 갈채를 보낸다. 혼신의 힘을 다하여 기량을 발휘한 선수의 모습을 보면 감동을 받는다.

사람들은 자신의 앞모습을 바라보면서 화장하고 옷매무새를 가다듬는다. 앞모습 뒤에 존재할 뒷모습에는 그다지 신경 쓰지 않는 듯하다. 내 자신도 마찬가지다.

어느 날 문득 아름다운 뒷모습으로 남고 싶다는 욕망에 빠진다. 지금까지는 그럴 만한 존재로 살지 못했음을 잘 알아서 다. 어떻게 해야 할까.

'그래, 정년퇴임을 일찍 앞당겨 자리를 내어주자.'

그날로 가차 없이 명예퇴임을 신청했고, 정년 두 해를 남긴 시점에 미련 없이 떠나왔다. 그나마 아름다운 뒷모습으로 남았기를 소망하면서.

마음 다스리기

 숫모르 숲길에 와 있다. 아직 아무도 밟지 않은 미지의 눈밭, 편백나무와 삼나무가 끝없이 이어지는 숲길이다. 동백꽃이 반기고 새들도 따라다니며 지저귀고 있다. 삐 삐이 뱃종뱃종, 쨱째잭 째르르르…. 새들이 오래된 벗 같다.
 마스크가 거추장스러워 훌훌 벗어던진다. 코끝이 맵싸하다. 찬 공기를 한껏 들이마신다. 먼지에 찌든 몸과 마음이 정화되는 느낌이다. 뒤에서 오던 무리가 앞지르며 한심하다는 듯 한마디 한다.
 "참 천천히도 걸으시네요?"
 오르막에 이르니, 그들은 쉼터에서 막걸리를 마시고 있다. 내가 옆을 지날 때는 서둘러 자리를 털고 일어난다. 오름 두 곳을 더 오르려면 지체하지 말아야 한다나. 저들은 숲에 와서

까지 급하다. 직선 위를 내달려 목적지에 빨리 닿으려는 성급함이다. 빠름과 느림, 오르막과 내리막이 필요할진대 오직 앞만 보고 질주한다.

갑자기 배낭 속에서 울려대는 휴대폰 소리. 받자마자 숨 가쁜 고음이 빠르게 흐르자 덩달아 바빠진다. 과연 인간이 만든 전자 기기들이 우리 정신을 여유롭게 만들어 주었을까. 사람들은 기술을 계속 발전시키며 더욱 빠르고 편하게 살려고 한다. 하지만 점점 비인간화되어 가는 현실이 가슴 아프다. 간혹 우리보다 뒤처진 나라를 가면 처음엔 불편하고 불결하여 눈살이 찌푸려지기도 한다. 하지만 시간이 지날수록 군불 지핀 토방의 아늑한 온기가 느껴진다.

절물자연휴양림에 와서 '장생이 숲길'을 느리게 걷고 있다. '걷는다'는 것은 마음의 눈을 뜨는 명상의 시간이다. 현대 문명 사회에서 정신 건강을 해치는 원인은 바로 빠름의 미학이 아닐까.

마침 양지바른 곳에 평상이 있기에 『로마인 이야기』를 꺼내 읽는다. 처음엔 열다섯 권이나 되는 시리즈라 엄두가 나지 않았는데 읽어 내려갈수록 흥미진진하다. 번역가가 워낙 베테랑이라 그런가. 제주시 지척에 살고 있는 그를 만나면 고맙다는 인사를 꼭 해야겠다.

조용하던 평상에 한 무리가 몰려들자 '생태숲 체험관'으로 갔다. 거실로 들어서니 나무향이 싸하다. 소나무 방으로 들어

서려다 아낙이 독서하는 편백나무 방으로 갔다. 국화차 한 잔을 권했더니 쌉싸래한 향이 일품이라며 쑥버무리를 꺼낸다.

시간이 얼마나 흘렀을까, 아낙이 돌아가고 옆방에서 그림을 그리던 아이들도 돌아갔다. 밖으로 나오니 해가 기울고 있다. 숲에 깊은 고요가 깔린다. 숲은 깊은 적요 속에 잠겨 있다.

버스를 타려고 정류소로 간다. 다섯 시 버스를 타려면 한 시간이나 남았다. 으슬으슬한 날씨에 바람까지 세차다. 콜택시를 불렀다. 정확히 5분 후에 도착한 택시 기사가 **빠릿빠릿**하게 외친다.

"손님, 직선거리로 총알 같이 달리겠습니닷!"

택시는 도로 위를 곧바로 질주하여 마음을 졸이게 만든다. 몸에 배었던 숲길의 느긋함이 순식간에 사라졌다.

산을 오르며

 주말이다. 오늘도 삶의 무게를 지고 산을 오른다. 턱까지 차오른 숨을 고르기 위해 쉬고 있으면, 산은 삶의 무거운 짐을 받아 저기 저 능선에 걸쳐준다. 야생 식물들을 안고 있는 능선은 모든 아픔을 받아주는 듯하다.
 바위에 올라서면 발아래 보이는 세상은 너무나 작다. 자연의 위대함 안에서는 인간이 얼마나 하찮은 존재인가 하는 생각이 든다.
 어느 해 가을, 한라산에서 일행을 쫓느라 허둥지둥 걷다 실족하여 크게 다친 적이 있다. 급기야 들것에 실려 응급실로 이송되었고 한동안 발목에 깁스를 하고 출근해야 했다. 산은 인간의 교만을 용서치 않는다. 자연을 가볍게 보고 무례하게 덤비면 반드시 벌을 내린다.

어머니의 품과 같은 산과 자연이 없다면 인간이 어찌 존재할 수 있을까. 원시시대 수렵기부터 인간들은 산에서 각종 식물의 열매로 양식을 장만했고, 동물을 사냥해서 굶주린 배를 채웠다. 오랜 세월 정치적으로, 종교적으로 탄압받던 자들과 세상을 등진 은둔자들이 산을 도피처로 이용했다. 그래서 산은 신을 갈망하던 자들에게 신을 보여주었고, 굶주린 인간들에게 양식을 주었고, 탄압받던 자들에게 자유를 베풀어 주었다.

우뚝 솟아 오른 큰 바위는 교만한 마음을 꾸짖는다. 산꼭대기에서 복닥거리는 세상을 내려다보면 명예도 사라지고 부의 축적에 따른 구분도 사라진다. 나를 억누르던 중압감도 잔돌이 되어 저 계곡 아래로 굴러가 버린다.

산은 제각각 다른 모습을 하고 있으면서 개성 있는 풍경을 보여준다. 외양은 비슷한 듯 보여도 들어가 보면 골짜기도 숲도 능선도 제각각이다. 그러면서도 화합을 이루고 있다.

우리 인간들도 서로 다른 모습과 개성을 존중하며 살아간다면 세상이 얼마나 평화로운 곳이 될까. 나와 너, 빛과 어둠, 선과 악 같은 대립과 분열이 모두 집착에서 비롯된다. 산에서는 모든 욕망이 녹아내려 숲이 되고 능선이 된다.

순천만 갈대

 동료들과 순천만 자연생태공원을 찾았다. 여름 햇살은 무럭무럭 자라나는 농작물에 사정없이 내리쬐이고, 호박 넝쿨은 오두막 초가지붕 위를 넘나들고 있다.
 순천만 갈대는 의연한 모습으로 우리를 맞아준다. 바람결에 흔들리면서도 우뚝 서 있는 갈대를 마주하면서 제주 억새가 그려졌다. 억새는 아무도 돌봐주지 않는 들판에서 세찬 비바람을 견뎌낸 후에 소담스럽게 이삭을 피운다. 제주 사람과 많이 닮았다. 고달픈 삶에 휘청대면서도 여유를 지닌 선한 숨결이 있다. 이삭마다 따로 놓고 보면 더없이 수수한 존재이면서 군락을 이루면 새하얀 은빛 물결로 탄성을 자아낸다.
 억새는 자존과 품격도 지녔다. 혹한에 강한 바람까지 휘몰아칠 때면 숨이 차는 듯 서걱거리며 쓰러졌다가, 결코 꺾이지 않고 혼자 힘으로 꼿꼿이 다시 일어선다. 바람에 흩어져 꽃씨를 퍼뜨리는 억새는 한없이 가볍다. 풍화의 운명이 그리 간곡해서 그토록 가벼운 것인가.

억새와 모양이 엇비슷한 갈대밭을 지나고 있다. 존재의 무게를 극소화하면서 팍팍한 삶을 여유롭게 살아가는 갈대. 갈대밭의 강물은 유유히 흐르고 있었다. 갈대들은 자신의 그림자도 들여다보고 저들끼리 부딪히는 소리에 미소 짓는다.

선선한 강바람은 잔잔한 물결을 이루며 마음속까지 파고든다. 흐르는 강물 위에 갈대들과 함께 흔들리며 서 있다. 우리 일행을 태우고 순천만 늪지를 운행하는 배는 여유롭게 강물을 헤쳐 나간다. 흐르는 강물에서는 인내와 너그러움이 느껴진다. 강 밖의 사물들을 비춰내어 노래하는 강물. 사근거리며 흐르는 물의 음조는 갈대의 울음과 닮아 있다. 갈대는 자신의 울음을 안으로 안으로 삼키며 조용히 서 있다. 바람이 심하게 부는 날이면 갈대는 온몸이 흔들리도록 심하게 운다.

갈대의 모습에서 흔들리며 살아가는 나약한 인간의 모습을 본다. 갈대는 흔들릴 때마다 자신을 휘젓는 바람을 탓할지 모른다. 시간이 흐르면서 바람 탓이 아니라 자기 자신이었음을 깨닫는다. 사람들은 바람에 나부끼는 갈대를 사랑할 뿐 그들을 흔드는 내부의 바람은 알아채지 못한다.

배에서 내리기 직전, 갑자기 세찬 바람이 불어왔다. 사람들이 당황하여 먼저 내리려고 몰려들자 배가 휘청거린다. 마음이 다급해지면서 모두 뱃전으로 휩쓸려가게 되었다. 사람들은 먼저 내리려고 아우성이었다.

그때 은발의 노신사가 시야에 들어왔다. 그는 여유롭게 사람들을 줄 세우면서 노약자와 어린애가 먼저 내릴 수 있도록 손을 잡아주고 있다. 그의 행동을 보는 순간, 모두 자신의 허둥대는 품새가 부끄러워진다. 물가에서 흔들리던 갈대들도 바람에 휘어졌다 다시 일어나 묵묵히 서 있는데, 배에서 한걸음 더 빨리 내리려고 팔랑거리는 모양새라니. 면구스럽기 짝이 없다.

드넓은 순천만을 떠날 때, 갈대들이 다시 오라며 손짓하고 있었다.

자귀꽃 피던 시절

봄날이 가고 여름 신록이 퍼질 때면 유독 눈길을 끄는 나무가 있다. 멋진 꽃을 피우는 자귀나무다. 자귀나무에는 명주실 타래를 풀어 놓은 듯 뭉실뭉실 연분홍 꽃 무리가 가득하다. 가늘고 보드라운 수백 가닥의 꽃술이 따사로운 태양 빛을 머금어 점점 발갛게 물들어간다. 부채꼴 모양의 꽃들은 불어오는 바람결에 춤을 추듯 일렁이며 밖으로 나오라고 손짓했다.

 A 초등학교 교정에서 바라보던 자귀꽃은 새로운 교직 생활을 축하하듯 나에게 다가왔다. 나무 아래에서 꽃을 바라볼 때와 교실 창가에서 내다보는 모습은 너무도 달랐다. 새로운 눈으로 세상을 바라보게 된 것도, 빛과 그늘을 뒤집어 볼 수 있게 된 것도 자귀꽃을 알게 되면서부터다. 학교에서 아이들과 생활하다 퇴근할 때 묵묵히 나를 배웅해 주던 자귀꽃은 유난히

색이 짙고 깊어 보였다. 아마도 아이들과 함께 나누는 설렘을 자귀꽃과도 함께 나누었기 때문이리라.

자귀꽃이 활짝 핀 운동장에 서 있을 때면 아이들이 하나둘 내 곁으로 모여들곤 했다. 누군가 등을 툭 치면 화들짝 놀란 표정을 지으며 뒤돌아본다. 그 모습이 뭐가 그리도 우스운지 아이들은 너나없이 웃어댄다. 아이들의 웃음 속에는 순수한 생명력이 담겨있다. 까르르 와르르 쏟아지는 아이들의 웃음꽃은 꽃구름 같기도 하고 화단 가득 피어있는 노랗고 빨간 꽃송이 같기도 하다. 아이들의 웃음소리가 꽃들과 어우러져 날아오르면서 운동장은 금세 꽃 세상, 웃음 세상이 된다.

우리의 삶에 웃음이 얼마나 중요한가. 나도 아이들처럼 천진난만하게 웃고 싶지만 그런 웃음은 좀처럼 나오지 않는다. 교직에서 감사했던 일은 아이들의 순수한 웃음과 늘 가까이 할 수 있었다는 사실이다. 싱그러운 생명력과 순수함이 내 곁에 있었기에 삶이 아무리 힘들어도 그 자락을 붙잡고 견뎌올 수 있지 않았을까.

유월 어느 날, 학교 화단의 귀퉁이에 자귀꽃이 보드레한 꽃잎을 내밀고 있었다. 꽃잎은 학교 운동장에 쏟아지는 햇살과 아이들의 기운을 받아 활짝 피어났다. 한올 한올의 가느다란 실을 가만히 들여다보고 있을 때, 동석이가 다가와 "선생님, 뭐 하세요?" 한다. 키 작은 동석이는 심장이 안 좋은 탓인지 유난히 입술이 파랬다. 처음 그 아이에게 눈길이 간 건, 학급문

고에 있는 책을 거의 읽고 있어서였다. 공부도 곧잘 했다. 너무나 힘든 가정형편임에도 조용히 이겨내는 모습은, 꽃살을 만들어내는 자귀꽃을 닮아있었다. 나는 그 아이에게 '환희'와 '기다림'이라는 자귀 꽃말을 꽃피우게 하고 싶었는지 모르겠다.

빚에 쪼들린 아버지는 돈 벌러 일본으로 밀항해서 소식을 끊었다. 어머니는 다섯 살배기 아들을 놔두고 사라져버렸다고 한다. 할머니 손에서 자란 동석이는 어릴 때부터 세상의 모짊을 너무 많이 알게 되었을 일이다. 그 아이를 볼 때마다 손을 잡고 맘속으로 얘기하곤 했다. '동석아, 추운 겨울을 잘 이겨내렴. 꽃을 피워 올리는 저 자귀나무처럼 너도 어서 꽃을 피워보렴.'

그 아이는 학급의 누구와도 친하지 못했고 다른 선생님들한테 무조건 반항했다. 그가 유일하게 의지하는 사람은 담임선생인 나뿐인 모양이었다. 자신에게 드리워진 슬픔과 고통을 참지 못하던 동석이는 결국 끔찍한 사고를 저지르고 말았다. 태양이 지글거리던 여름방학 어느 날, 혼자 집에 있던 아이가 농약을 마셨다.

동석이 할머니의 화급한 전화를 받고 병원에 달려갔는데 의식불명 상태였다. 급기야 위장에서 농약을 세척하는 등 응급조치가 있었지만, 아이의 상태는 호전되지 않았다. 그 당시 나는 오년 만에 아들을 임신한 몸이라 엑스레이실에 있는 게 몹시 염려스러웠지만, 걔를 혼자 놔둘 수 없었다. 병실을 오가면서 가슴이 미어졌다. 내가 해줄 수 있는 일이 없어 면구스럽고 부끄러웠다. 겨우 여덟 살짜리 아이가 세상이 얼마나 저주스러웠으면 그 같은 일을 저지를 수 있었을까.

동석이는 삼 개월 후에 학교로 돌아왔다. 동석이가 돌아온 그해 여름에도 자귀꽃은 어김없이 피어나고 있었다. 나의 교직 생활도 겨울과 봄날이 지나고, 또 여름이 오면 자귀꽃이 활짝 피어나듯 그렇게 지나갔다.

동석이가 5학년이 되던 해에 나는 다른 학교로 발령이 났고 몇 차례 편지가 오갔다. 해가 바뀌면서 연락이 뜸해지고 그 아이가 조금씩 잊혀 갔다. 그러던 어느 날, 동석이가 바다로 뛰어들어 저세상으로 갔다는 소식을 듣게 되었다.

모든 출발은 끝점에서 또 다른 시작점으로 이루어진다고 한다. 아이들과 함께 시작했던 37년 동안의 교직 생활을 마무리해야겠다고 생각한 날, 교직을 출발하던 때의 기억이 여름을 맞은 자귀꽃처럼 피어오른다. 교직 생활의 가장 큰 충격과 슬픔이었던 동석이. 숱하게 거쳐 간 아이들이 떠오르면 왠지 모를 회한이 가슴을 짓누른다.

퇴직한 뒤 홀가분한 마음으로 산책하던 숲길에 자귀꽃이 피어나고 있었다. 나는 연분홍으로 피어오르는 창백한 자귀꽃 앞에서 오랫동안 머물고 있다.

곶자왈의 비명

얼마 전, 어느 방송국에서 '아마존의 눈물'이라는 다큐멘터리 특집을 방송하여 높은 시청률을 기록하면서 화제가 된 적 있다.

이 다큐멘터리는 문명의 침투로 인한 아름다운 원시적 자연 파괴와 무너져 가는 자연 생태계, 그리고 아마존 인디오 사회에 대한 충격적인 영상을 보여주었다. 아마존의 산림 파괴로 고통 받는 인디오들과 열대 밀림의 생물들, 나아가 문명사회의 무분별한 개발로 인해 불타며 사라져 가는 아마존의 슬픈 현실은 충격적이었다.

아마존은 흔히 '지구의 허파'라고 불린다. 우주의 무한한 공간에서 하나의 푸른 점에 불과한 지구지만, 지구를 푸르게 만들어 주는 게 바로 아마존이다. 지구를 숨 쉬게 하는 곳 중

하나가 다름 아닌 아마존의 열대우림이라 할 수 있다.

요즘 아마존 숲이 인간의 이기심으로 파괴되어 가고 있다. 그곳은 인간뿐 아니라 온갖 동식물들이 살아가는 보금자리이고 지상낙원이다. 아이들은 묻는다.

"지구의 허파는 어디에요? 왜 앓고 있어요?"

아마존이 지구의 허파라면, 곶자왈은 '제주의 허파'라고 할 수 있다. 곶자왈은 열대 북방 한계 식물과 한대 남방 한계 식물이 공존하는, 우리나라 제주에서만 볼 수 있는 독특한 생태 환경이다. 한라산과 해안의 중간을 둘러싼 중산간 지대에 있는 곶자왈은 토양이 빈약하고 크고 작은 암괴들이 두껍게 층층이 쌓여 있다. 비가 내리면 빗물은 곶자왈을 통과하면서 천연 미네랄 성분이 담뿍 녹아들고 약알카리성으로 변하게 된다. 그래서 제주산 생수는 최고로 각광받고 있다.

최근 조사에 따르면 한겨울에도 푸른 숲을 자랑하는 곶자왈은, 지구 온난화의 주범인 이산화탄소를 없애주는 생태계의 허파 역할을 하는 보고寶庫로 나타났다. 돌, 나무, 풀을 품고 원시적 자연의 모습을 그대로 보여주는 곳이 바로 제주 곶자왈이다.

그 안에서 제주 사람들은 소나 말을 풀어 키웠고, 땔감이나 숯을 만들어냈으며, 계절마다 먹을거리를 장만하거나 놀이를 하며 지냈다. 한반도 최후의 상록수림 안에서 독특한 생명들이 자라나고, 제주 사람들의 희로애락이 한껏 녹아들었던 곶자왈은 곧 삶의 터전이었다.

곶자왈은 지금 곳곳이 파헤쳐지면서 비명을 지르고 있다. 제주의 많은 골프장이 곶자왈이 있는 중산간 지대에 들어서는가 하면, 제주 사회에 상당한 파문을 일으키고 있는 리조트니 관광지구가 곶자왈 지역도 포함하고 있어 심각하다. 외지인들에게 이미 팔린 곶자왈도 엄청나다고 하니 심각한 문제가 아닐 수 없다.

일부 개발론자들은 '곶자왈이 밥 먹여 주지는 않는다.'면서 경제 논리만 앞세우고 있다. 제주도 당국의 입장에서는 곶자왈 개발을 방관하고 있지 않나 하는 의구심마저 든다. 곶자왈 개발 사업을 그대로 방치할 경우, 제주의 생명이 위태로울 정도로 걷잡을 수 없는 환경파괴가 일어난다는 사실을 명심하지 않으면 안 된다.

허파 없는 인간을 상상할 수 없듯, 곶자왈 없는 제주를 상상할 수 없다. 곶자왈이 사라진 제주에는 마음 놓고 마실 물이 없어지고, 수목이 우거진 아름다운 경관과 동식물이 살아 숨 쉴 공간이 없어져 급기야는 죽음의 섬이 되고 말 일이다. 곶자왈은 다음 세대에 물려줘야 할 자산이지 개발 논리로 파괴해도 될 대상이 아니다. 한번 훼손되고 파괴된 곶자왈은 어느 누구도 회복시킬 수 없다.

아마존의 원주민들은 자신이 태어나고, 죽고, 후손에게 물려줄 땅과 숲이 불타고 있는 모습을 보며 눈물 흘리고 있다.

아마존의 원주민들보다 훨씬 높은 문명을 누리고 있다고 자부하는 우리가 왜 이 같은 생각에 미치지 못하는 걸까.

오늘은 곶자왈이 비명을 지르고 있지만, 내일은 곶자왈을 망가뜨린 인간이 더 큰 비명을 지르며 눈물을 흘리게 되는 일이 생기지는 않을까. 곶자왈에서 불어오는 바람에 속절없는 질문을 던져 본다.

■ 작가연보

[학력]
제주시에서 출생
신성여자중·고등학교 졸업
제주교육대학 졸업
한국방송대학교(영어영문학과) 졸업
제주대학교 교육대학원(영어교육학과) 졸업

[수필집]
2008년 『내 삶의 아름다운 변주』
2011년 『노루의 눈물』
2015년 『아름다운 뒷모습』
2020년 『노을에 물들다』

[수필선집]
2025년 현대수필가 100인선Ⅱ 『내 안에 살아 있는 당신』

[수상/선정]
1998년 제1회 전도 초등영어연극대회 지도 대상
1999년 제2회 전도 초등영어연극대회 지도 최우수상
2003년 《한국문인》 신인상

2011년 제주문화예술재단 창작지원금 수혜
2015년 황조근정훈장 수훈
2015년 《수필과비평》 신인상
2019년 제14회 황의순문학상
2019년 제1회 제주어문학상
2019년 올해의 수필상(수필과비평사 제정)
2020년 제주문화예술재단 창작지원금 수혜
2021년 아르코 문학나눔 우수도서(한국문화예술위원회), 『노을에 물들다』

[문단 경력]

2004년 제주문인협회 가입
2009년-2010년 제주여류수필문학회 회장
2013년-2014년 제주문인협회 감사
2015년-2020년 제주수필문학회 이사
2016년-2019년 제주수필과비평작가회 회장
2019년-2020년 제주문인협회 감사
2019년-2025년 전국 수필과비평작가회의 부회장
2021년-2022년 제주문인협회 부회장
2021년-2024년 국제PEN한국본부 제주PEN 감사
2023년 제주문인협회 수석부회장

[기타 경력]

2001년-2004년 전국초등학교 학교평가위원
2001년-2006년 남광초등학교 외 교감, 교육청 장학사

2004년-2014년 제민일보 논설위원 및 칼럼 필진
2007년-2010년 성읍초등학교 교장
2009년-2014년 한국교원총연합회 이사
2011년-2013년 제주교육과학연구원 교육연구관
2014년-2015년 남광초등학교 교장, 명예 퇴임
2017년-2021년 제주도서관 운영위원
2020년-2024년 제주특별자치도 교육삼락회 부회장
2021년-2025년 한라도서관 운영위원

현대수필가 100인선 Ⅱ·72
고연숙 수필선

내 안에 살아 있는 당신

초판인쇄 | 2025년 11월 1일
초판발행 | 2025년 11월 5일

지은이 | 고 연 숙
펴낸이 | 서 정 환
펴낸곳 | 수필과비평사 · 좋은수필사

주 소 | 서울시 종로구 삼일대로 32길 36,
       (익선동 30-6) 운현신화타워 305호
전 화 | 02)3675-5635, 063)275-4000
등 록 | 제300-2013-133호
홈페이지 | http://www.shinapub.com
e-mail | essay321@hanmail.net

값 10,000원

ISBN 979-11-5933-609-6 04810
ISBN 979-11-85796-15-4 (전 100권)

* 저자와 협의하여 인지는 생략합니다.
* 잘못된 책은 바꿔 드립니다.